IMPERIAL
1997

SCHOTTLAND

terra magica®

MAX SCHMID · KRISTINE JAATH

SCHOTTLAND

MIT SHETLANDS, ORKNEYS UND HEBRIDEN

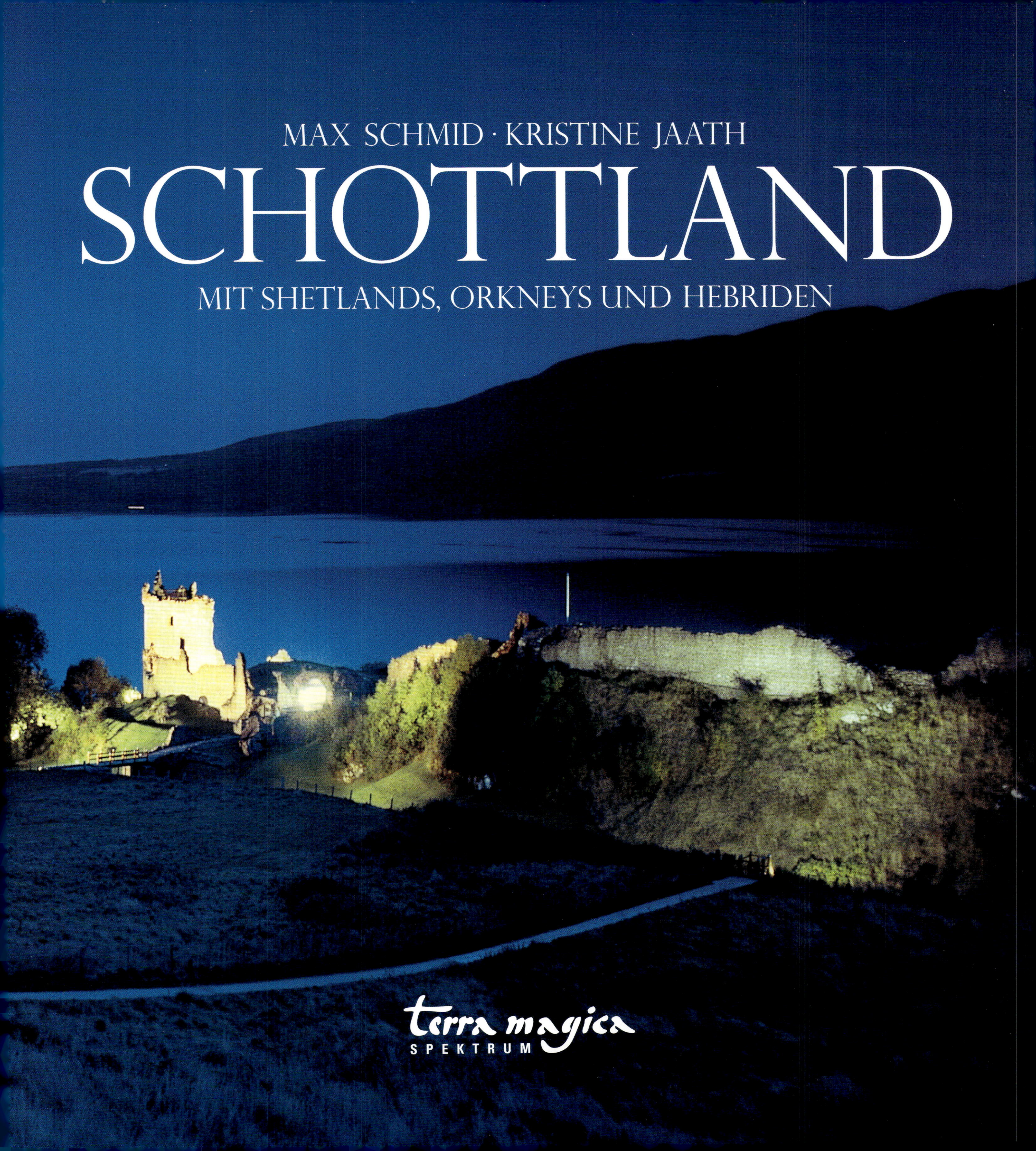

terra magica
SPEKTRUM

INHALT

NICHT NUR LOCH-NESS-UNGEHEUER, BEROCKTE MÄNNER UND KLONSCHAF DOLLY *Seite* 6

Seite 8

»WUNDERBAR WÜSTES, MENSCHENLEERES LAND«

Geologisch kurios und viel Wolkentheater

In den Highlands: Melancholie, Steinadler und Wildkatzen

In den Lowlands: Auerochsen-Nachfahren mit Beatles-Frisur

Seite 24

SCHOTTISCHE SITTEN & GEBRÄUCHE

Real Scottishness – mit Rauflust, Rede-, Sanges- undTrinkfreude

Stammeshäuptlinge und ihre Clans

Der Kult mit dem Kilt

Sackpfeifen mit höchst exzentrischer Tonskala

Man spricht Gälisch und Scots

Stacheliges Unkraut als Nationalblume und weitere Heiligtümer

Erfinder von Golf, Pantoffelwetthüpfen und Nationalgerichtschleudern

Fest des großen Presswurstsorten-Häuptlings – Schottlands wichtigstes Gelage

Ist die schottische Küche besser als ihr Ruf?

Whisky – der bernsteinfunkelnde Gleichmacher und Köpfer

Seite 54

8000 JAHRE SCHOTTISCHE MENSCHHEITS-GESCHICHTE

Von den Bemalten (picti) und den namengebenden Skoten

Stone of Scone – Unglücksstein der schottischen Herrscher

Freiheitskämpfer Braveheart und andere Helden

Stewart/Stuart – erst Seneschalle, dann Königsdynastie

Grausige Brautwerbung um eine neun Monate alte Königin

Kronenvereinigung – Bürgerkrieg – Republik

Ein Prinz kommt, verliert und geht

Große Namen, die man heute noch weltweit kennt

Schottische Erfindungen: Sherlock Holmes, Dr. Jekyll & Mr. Hyde, Fahrrad, Gummireifen und Telefon

Nordseeöl, Silicon Glen und verstärkter Los-von England-Trend

Seite 82

LOWLANDS – BURGENLAND, RUINENLAND, UMSTRITTENES LAND

Romanze in Stein und Mörtel

Schlösser über Schlösser – ideal für Schwarzweiß-Gruselfilme

Von Archibald dem Schrecklichen zum größten National-Trunkenbold

Der Dichter lässt die Hexen tanzen

Spinnereidorf als Unesco-Weltkulturerbe

Seite 102

CENTRAL BELT – DIE MITTELSCHOTTISCHE SENKE MIT DEN ZWEI METROPOLEN

Ein Glas ghu (»grüner Ort«) ist Glasgow längst nicht mehr

Von einer Million auf 600 000 geschrumpft – binnen 40 Jahren

Edinburg – die »Alte Verräucherte«

Abgründe: Königin – Königsgemahl – Liebhaber – Dolchstöße

Die Halbinsel Fife, wo England einst Schottland verlor

Seite 126

HIGHLAND-HIGHLIGHTS-REISEN

Von Glasgow in die westlichen Highlands

Höchster Schotte – mit 300 Nebeltagen

Bergwelt mit Schluchten und Lachsleitern

Theodor Fontanes Wanderungen durch die Grampians

»Südland« – das verlorene Nordland zwischen drei Küsten

Seite 166

SCHOTTISCHE INSELWELT IM NORDATLANTIK

Hebriden – seit 3000 Jahren kein Paradies mehr

Fontanes »fest geschnürtes Bündel steinerner Tannen«

Orkneys – Licht überall, nordisch klar und scharf konturierend

Shetlands – Schottlands letztes Fenster zur Welt hinaus

Königsliste, Zeittafel Seite 196

Karte Seite 198

Dudelsack-CD Seite 201

NICHT NUR LOCH-NESS-UNGEHEUER, BEROCKTE MÄNNER UND KLONSCHAF DOLLY

Ceud mìle fàilte! Mit diesem gälischen Gruß wird man in Schottland »tausendmal willkommen« geheißen – in dem kleinen Land am Nordwestrand Europas mit seiner großen Kultur, seiner überwältigend schönen Natur und seinen herzlichen Menschen. Humorvoll und gastfreundlich, ein bisschen kauzig, traditionsbewusst und ungemein stolz auf ihr Heimatland sind die Schotten; auf ihre vorgeschichtlichen Stätten, mittelalterlichen Klosterruinen und die Vielzahl von romantischen Burgen und Schlössern, die sich im rauen Norden von Großbritannien ein Stelldichein geben und von der bewegten, ja ausgesprochen turbulenten Geschichte Schottlands über viele Jahrhunderte erzählen.

Atemberaubende Berglandschaften mit schroffen Tälern, zahllosen Seen und einsamen Hochmooren schmücken die auf drei Seiten vom Meer umgebene Heimat von Macbeth und Maria Stuart und des Whiskys. Schottland ist eine der letzten noch beinahe unberührten Regionen Europas, sie vereint ihre ursprüngliche Schönheit vom südlichen Hügelland zu den nahezu menschenleeren Gebirgen und zerklüfteten Küsten im Norden mit den quicklebendigen Metropolen Glasgow und Edinburg. Der große Reichtum an Geschichte und Tradition geht Hand in Hand mit dem modernen Leben. Vom vorsintflutlichen Ungeheuer von Loch Ness bis zum Klonschaf Dolly, von Dudelsack blasenden Männern in karierten Röcken zu den Businessmen in den Großstädten, von den entlegenen nördlichen Inseln bis zu den Hightech-Laboren in Silicon Glen gibt es kaum etwas, das Schottland nicht bieten kann. Sei es die Jagd auf das schmackhafte Flossenwild in den beneidenswert glasklaren und sauberen Flüssen; sei es die wildromantische Ödnis auf vielen Inseln, melancholische Gefühle erweckend, oft verstärkt durch die grandiosen Wolkentheaterszenen am schottischen Himmel – während vor allem Glasgow und Edinburg mit einem vielfältigen Kunst- und Kulturangebot sowie einem prall gefüllten Festivalkalender aufwarten. Im übrigen ist es nicht wahr, dass jeder Schotte mit einem Regenschirm geboren wird.

Schottland ist ein Land voller Kontraste, lebhaft, dynamisch und dann wieder von unendlicher Stille, ein ebenso abwechslungsreiches wie faszinierendes Land, dessen herbe Schönheit heute mehr und mehr Menschen suchen. Und als hätten es seine alten keltischen Bewohner schon lange gewusst, lautet ein gälisches Sprichwort: *Gum biodh ràth le do thurus!* – Möge deine Suche erfolgreich sein!

»WUNDERBAR WÜSTES, MENSCHEN-LEERES LAND«

mit 800 Inseln, 3000 Seen und Seelein sowie 277 (Fuß-)Dreitausendern

links *Loch Assynt, Highlands (Loch = Binnensee oder Meeresfjord)*
unten *Wie ein Bühnenbild von »Warten auf Godot«*

Jenseits des Tweed heißt eine im englischen Volksmund übliche Bezeichnung für den herbschönen Norden Großbritanniens. Über 150 Kilometer fließt der Fluss Tweed in west-östlicher Richtung der Nordsee entgegen und folgt dabei ein Stück seines Weges der Grenze zwischen England und Schottland – jenem kleinen Land am Rande Europas, das mit gut fünf Millionen Einwohnern nur etwa halb so viele Menschen wie der Großraum London zählt. Jenes »wunderbar wüste, menschenleere Land«, als das es 1826 schon Karl Friedrich Schinkel beschrieb. Im Süden grüne Kuppen, im Norden das Hochland mit einsamen Bergen, weiten Mooren, langen Tälern (gälisch *glen*) und tiefen Seen (*loch*) zeichnen ein romantisches Bild, wie von Caspar David Friedrich gemalt. Östlich branden die Wellen der Nordsee an, nördlich und westlich peitscht der raue Atlantik an Land, fräst sich in die senkrecht abfallenden Felsklippen und hat so in Millionen Jahre langer Kärrnerarbeit eine tief zerklüftete Küstenlinie geschaffen. Über 10 000 Kilometer ist sie lang, rechnet man die zahllosen, weit ins gebirgige Hochland einschneidenden Förden (*firth*) oder die gleichnamigen, vom Salzwasser gefluteten weiten Flusseinmündungen mit ein. In Schottland ist man nirgends weiter als siebzig Kilometer vom Meer entfernt. Dazu kommen noch annähernd 800 Inseln, die wie ein Riegel vor der West- und der Nordküste liegen: die Inneren und Äußeren Hebriden sowie nördlich die Orkney- und die Shetlandinseln.

Addiert man die Inseln zur Landmasse, ist Schottland mit knapp 80 000 Quadratkilometern insgesamt kleiner als Österreich. Ein »schmales Hemd« obendrein, wie der Blick auf die Landkarte zeigt. Vom südlichen Solway Firth, der auf der Höhe von Südschweden liegt, zu den Shetlandinseln auf der Höhe Südgrönlands werden gut 750 Kilometer Länge durchmessen. Wogegen die breiteste Ausdehnung

links *Glen Nevis, Highlands (Glen = Tal)*
oben *Uferlinien eines eiszeitlichen Sees im Glen Roy*

keine 250 Kilometer beträgt und sogar lediglich 50 Kilometer den Firth of Clyde westlich von Glasgow vom östlichen Firth of Forth bei Edinburg trennen. Zusammen mit England, Wales und Nordirland bildet Schottland das Vereinigte Königreich Großbritannien und Nordirland und ist – schmales Hemd hin oder her – sowohl der Fläche als auch der Einwohnerzahl nach dessen zweitgrößter Landesteil. 5,12 Millionen Einwohner lautet Mitte 2006 die amtliche Schätzung. Das entspricht rund einem Elftel der gesamten britischen Bevölkerung, sofern man die über 25 Millionen Nachfahren der schottischen Auswanderer nicht mitzählt, die, über alle Kontinente verstreut, beispielsweise in Nova Scotia (Kanada) oder in Perth (Australien) leben. Im Schnitt teilen sich 65 Schotten einen Quadratkilometer. Aber was sagt ein Mittelwert aus? Im Central Belt, dem entwickelten zentralen Gürtel zwischen Glasgow und Edinburg, drängeln sich 427 Menschen pro Quadratkilometer. Das macht 80 Prozent aller Schotten aus, wobei Glasgow als größte Stadt 610 000 Einwohner zählt, gefolgt von der Hauptstadt Edinburg mit immer noch fast einer halben Million. Nimmt man nun noch das Erdöl- und Fischereizentrum Aberdeen mit 210 000 Köpfen sowie die 172 000 Einwohner große Industriestadt Dundee hinzu, lebt in diesen vier Städten ein Drittel aller Schotten. Während die Northwest Highlands gerade mal auf durchschnittlich 2,5 Bewohner je Quadratkilometer kommen und damit ein Vielfaches mehr Schafe als Menschen beherbergen.

GEOLOGISCH KURIOS UND VIEL WOLKENTHEATER

Drei markante geografische Verwerfungslinien unterteilen die schottischen Highlands (Hochlande) und Lowlands (Tieflande) in drei recht verschiedenartige Regionen. Quer durch den südlichen Landesteil verläuft etwa von Edinburg südwestlich nach Ayr der Southern Upland Fault, der die Southern Uplands, das Südliche Hügelland, von der Mittelschottischen Senke trennt, die zusammengenommen wiederum die Lowlands vorstellen. Vom Etikett »Lowlands« sollte man sich dabei freilich nicht täu-

oben *Black Linn Falls bei Dunkeld, Perthshire & Kinross*
rechts *Loch Beinn a'Meadhoin im Glen Affric, Highlands*

schen lassen. Von den *Rolling Hills of the Borders*, den Cheviot Hills an der Grenze nach England, bis zur Bruchlinie präsentieren sich die Southern Uplands als ein von tiefen Tälern und zahlreichen Flüssen durchzogenes Mittelgebirge, dessen höchste Kuppen bis auf 800 Meter reichen. Ihnen folgen nördlich die sanften Hügel der Central Lowlands, des dicht besiedelten mittelschottischen Tieflands zwischen den Mündungstrichtern von Tay, Forth und Clyde.
Die Scheidelinie zwischen Lowlands und Highlands markiert der Highland Boundary Fault, der sich vom südwestlichen Firth of Clyde bis zur Nordseeküste nach Stonehaven zieht. Jenseits davon dehnen sich die zwei Drittel schottische Landmasse aus, die die

The Paps (altschottisch-grobes Wort für Brüste) auf der Insel Jura, Innere Hebriden

Highlands verkörpern, das raue, einsame schottische Hochland sowie die windumbrausten Inseln im Norden und Westen. Zwischen Inverness am Moray Firth und der Hebrideninsel Mull tut sich im Hochland schließlich die dritte, größte und landschaftlich spektakulärste Verwerfung auf. Auf 100 Kilometer Länge erstreckt sich der tiefe Grabenbruch des Great Glen. 400 Millionen Jahre alt ist das von steilen Berghängen gesäumte Große Tal, das die lange Seenkette von Loch Ness, Loch Oich, Loch Lochy und Loch Linnhe mit ihren Wassern füllt. Anfang des 19. Jahrhunderts wurde sie durch den Bau des Kaledonischen Kanals miteinander verbunden, weshalb seither kein Schiff mehr den stürmischen Umweg um die schottische Nordspitze herum nehmen muss, um beispielsweise von Glasgow nach Inverness zu gelangen.

Das Great Glen trennt die nahezu menschenleeren Northwest Highlands von den östlichen Grampian Mountains – *Scotland at it's best.* Zwischen Seen, Flüssen und wild schäumenden Bächen steigen in den Grampians über kargen Rauweiden und heideübersäten Hochmooren schroff die höchsten Gipfel Großbritanniens auf. Quasi direkt aus dem Wasser. Keine acht Kilometer liegen zwischen dem 1344 Meter hohen König der britischen Bergwelt, dem Ben Nevis, und dem Meeresspiegel. Östlich davon klettern die vier eindrucksvollsten Erhebungen im Cairngorm-Massiv auf mehr als 1200 Meter empor, und auch die Northwest Highlands bringen es auf zahlreiche Höhen über 1000 Meter. Nicht zu vergessen die genau 277 »Dreitausender«, die zudem alle denselben Namen tragen: »Munro«. So benannt nach Sir Hugh T. Munro, der sich Ende des 19. Jahrhunderts die Mühe machte, in einem dreißigbändigen Werk sämtliche schottischen Berge über 3000 Fuß (914 Meter) zu beschreiben. Seitdem zählt »Munro-Knacken« zu DER Herausforderung aller Wanderjünger. Denn der gesamte Parcour nach dem Motto *A Munro is ... what Mr. Munro defined as such!* beläuft sich, hinauf und hinunter, auf sage und schreibe 2500 Kilometer. 1974 gelang es erstmals dem Bergsteiger Harris Brown, sämtliche Munros in einem Zug zu erklettern.

Wo ein Berg, da auch ein Tal. Von den Gletschern der letzten Eiszeit gehobelt und ausgeräumt, folgen die Glens in der Regel den tektonischen Bruchlinien von Nordost nach Südwest und formen dort, wo sie auf die Küsten stoßen, weit ins Landesinnere greifende Sea Lochs und Firths. Überhaupt: Wasser allenthalben. Je nach Zählweise schmückt sich Schottland mit rund 1800 Seen. Den kleinsten Tümpel noch eingerechnet, wären es sogar 30 000. Dazu kommen annähernd 7000 Flüsse; von den unzähligen kleineren Wasserläufen gar nicht zu reden, und von oben strömt ebenfalls meistens reichlich Wasser herab.

Der warme Golfstrom, der vor der Atlantikküste nach Nordosten driftet, schenkt Schottland milde Temperaturen ohne große Hitze- und Kälteextreme und sorgt dabei auch, besonders im Westen, für regenschwangere Wetterfronten und stürmische Winde. Kaum ein Tag, an dem es nicht regnet und der Himmel mit einer Palette irgendwo zwischen Hellgrau, Bleifarben und Anthrazit sein Wolkentheater zum Besten gibt. Dabei ist das Wetter sehr abwechslungsreich. Das Wasser fällt in den unterschiedlichsten Variationen. Kräftige Wolkenbrüche, Prasseln, Gießen und Tröpfeln wechseln mit dem typischen *drizzle* (Nieselregen) oder gelegentlich einem beharrlichen Nebel ab, der die Berge und Täler in undurchsichtige Gewänder hüllt. Etwas lichter zieht in der schönen Jahreszeit vom Meer der *haar* herauf, ein Dunst, dessen Luftfeuchtigkeit an den Gartenzäunen eine grüne Patina aus Moosen und Flechten bildet und den Anstrich abblättern lässt. Und dann bricht auf einmal wieder die Sonne hindurch und verwandelt mit ihren kräftigen Strahlen das pitschnasse Land in ein einziges Glitzern und Funkeln.

Kurz, Petrus in Schottland benimmt sich recht launisch, auch wenn die Tiefausläufer, die er vom Atlantik aus in Marsch setzt, meist schon an den Bergen der Westküste hängen bleiben. Weshalb es an der Ostküste zwar etwas kühler, aber insgesamt trockener ist. Dass mann in Schottland bevorzugt Rock trägt, ist also nur ein Gerücht. Nein, Gummistiefel und Regenjacke sind angesagt. Ebenso wie das wechselhafte Wetter tragen sie zu einem der beliebtesten schottischen Gesprächsthemen bei. Begleitet von kritischen Blicken zum Himmel, wo sich gerade wieder etwas zusammenbraut, und zum Ausgleich einem sonnigen Gemüt, heißt es dann, mit einem Lächeln über das ganze Gesicht: *Lovely weather, isn't it?*

IN DEN HIGHLANDS: MELANCHOLIE, STEINADLER UND WILDKATZEN

Atlantische Winde fegen über die kahlrasierten Gipfel hinweg, wehen die dünne Erdkrume vom Stein und legen eine nur noch von Moosen und Flechten bedeckte Felswüste frei. Auf Schotterfluren rücken die letzten unerschrockenen Pflänzchen zu Polstern und Matten zusammen, während dort, wo sich in geschützten Spalten der Boden noch hält, zwischen Seggen und Binsen Vergissmeinnicht, Enzian, Vogelmiere und Steinbrech blühen. Steinerne Gärten mit arktisch-alpiner Vegetation, wie sie sonst nur in Hochgebirgsregionen vorkommen, wandern in den Highlands bis unter 600 Meter hinab, und nicht ein-

oben links *Erodierter Basalt nahe Bunessan auf der Insel Mull*
unten links *Stark bevölkerte Klippen an der Südspitze der Shetland-Hauptinsel*
rechts *Säulenbasalt auf der Insel Staffa westlich der Insel Mull*

mal windschiefe Krüppelkiefern lässt der stürmische Wettergott zu. Stattdessen trotzen in den verregneten Hochmooren Torf- und Sumpfmoose, Sumpfmyrte und Affodill, Wollgras oder Riedgräser der rauen Natur. In den etwas trockeneren Heidemooren ducken sich niedere Heidekrautsträucher: Heidelbeeren, Preiselbeeren und Bärentrauben, die im Spätfrühling zusammen mit Stechginster und duftendem Weißdorn das Land in ein weiß und gelb über rosa bis rot leuchtendes Blütenmeer tauchen; gefolgt von der Besenheide, deren rosa- bis purpurfarbene Teppiche die Highlands ab dem Spätsommer schmücken. Dazwischen wächst saures Grasland. *Rough grazing land*, das mit weißem langen Zottelfell, schwarzen Gesichtern und schneckenförmigen Hörnern die robusten Blackface-Schafe bevölkern. Und kein Baum weit und breit.

oben *Ben More Assynt im Licht der untergehenden Herbstsonne, Highlands*
rechts *Schottlands Matterhorn, der Suilven, gehobelt von eiszeitlichen Gletschern, Highlands*

Bereits seit vielen Jahrhunderten existiert in Schottland kein Wald mehr, dies nicht nur kraft ruppigem Wetterwerk, sondern vor allem durch Menschenhand. Auf die Brandrodungen der frühen Bauerngesellschaften folgten im Mittelalter umfangreiche Bau- und Brennholzkahlschläge und schließlich extensive Schafzucht sowie – für die Waidmannslust – im 19. Jahrhundert eine verheerenden Rotwildansiedlung. Als Leckermäuler rühren die eleganten Geweihträger saure Gräser und die überall sprießende schottische Nationalblume, die Distel, nicht an, sondern knabbern an Blättern und Rinden und am liebsten an zarten Schösslingen. Trotz Tausender

jährlich in der Jagdsaison erlegter Tiere ist die Plage mittlerweile so groß, dass unlängst selbst Queen Elizabeth II. einen Zaun um ihr Anwesen Balmoral ziehen musste, damit die Flora ihres Parks nicht länger auf dem Speisezettel der Rothirsche landet.

Zur Gefahr für die Artenvielfalt hat sich auch der flachwurzelnde, wild wuchernde Rhododendron entwickelt. Zwar ist er mit seiner herrlichen Blütenpracht wunderschön anzuschauen, doch sind seiner fortschreitenden Landnahme mittlerweile selbst die staatlichen Waldhüter der Forestry Commission kaum noch gewachsen. Ihren zahlreichen Wiederaufforstungsversuchen legt darüber hinaus die fehlende Humusschicht immer wieder buchstäblich Steine in den Weg. Nur die bedürfnislose, schnell aufschießende Sitkafichte entwickelt sich prächtig. Salzraue Winde gewohnt, kommt sie mit Erosion und Versauerung bestens zurecht und bringt, in Monokulturen gesetzt, der Forstwirtschaft außerdem gute Erträge. Dabei lässt sie mit ihrem dichten Nadelkleid keine anderen Gehölze unter sich zu, laugt den Boden aus und knickt – gemeinhin als »Stangenspargel« beschimpft – bei Sturm auch gern mal um. Sie hat den einzigen ursprünglich in Schottland beheimateten Nadelbaum inzwischen weitgehend ersetzt: die widerstandsfähige Schottische Kiefer, die sich einst bis auf in 1000 Meter Höhe an den Hängen festklammerte.

So präsentieren sich die Grampian Mountains und die nordwestlichen Highlands heute als eine wüste, melancholische Bergwelt, über deren entblößten Kuppen der *Golden Eagle* sich mit weiten Schwingen erhebt. Dem goldgelben Oberkopf verdankt der Steinadler seinen englischen Namen, und seinen gut vier Dutzend Horsten verdankt Schottland den Ruf,

links *Mount Slioch am Loch Maree, Highlands*
rechs oben *Scharf beobachtendes Rotwildpaar beim Loch Sionascaig im Inverpolly National Nature Reserve, Highlands*
rechs unten *Ein Winternachmittag am Loch Tay, Perthshire & Kinross*

eines der größten europäischen Refugien für den König der Raubvögel zu sein. Nördlich des Great Glen haben neben ihm die scheue Schottische Wildkatze und auch das putzige Hermelin eine Zuflucht gefunden. Seit sein schneeweißes Fell bei den hochwohlgeborenen Würdenträgern aus der Mode geriet, muss es nicht mehr ums Leben fürchten. Das müssen dafür umso mehr Kaninchen und Mäuse als Leib- und Magenspeise für Füchse und Wiesel.

Fast bis zum Aussterben bejagt wurde der Auerhahn, dessen schnalzendes, klapperndes, mit einem lustigen »Kalöpkalöpp-kalöppöppöpp«-Triller endendes Balzlied von den milden Spätwintertagen bis gelegentlich Mitte Mai wieder zunehmend erklingt – zwei- bis dreihundertmal am Tag, und wenn sich die Auserkorene trotz männlich geschwollenem Kehlbart und metallisch blaugrün glänzender Brust immer noch nicht beeindruckt zeigt, dann eben sechshundertmal. Immerhin ist der Auerhahn mit seiner achtzig bis manchmal knapp neunzig Zentimeter hohen Gestalt der größte und würdigste aller Hühnervögel und seit längerer Zeit außerdem streng geschützt. Seine plebejischen Familienangehörigen, die rötlichbraun gefiederten Moorhühner, landen indes nach wie vor als *grouse* in der Backröhre. Traditionell beginnt die Hochland-Jagd mit den Parlamentsferien am 12. August, dem *Glorious Twelfth*, und Rotwild wie Hühnchen müssen in Deckung gehen. Seit einst Queen Victoria die Highlands für sich als Sommerfrische entdeckte, zählen in der britischen Upper Class *hunting* und *shooting* zum guten Ton.

Nicht weniger traditionsbewusst unterhalten in den Highlands und auf den Inseln die *crofters* ihre Parzellen. Feierabendbauern, Kleinerzeuger für den eigenen Bedarf, die mit ein paar Schafen und Rindern auf der Gemeindeweide sowie einer kleinen Ernte von Futterpflanzen, Rüben und Kartoffeln ihr Dasein bestreiten; ergänzt durch Torfstechen, Heimarbeit und Zimmervermietung sowie in den Küstenmarschen Fischfang, Muschel- und Seetangsammeln. Man ist stolz auf das stille Leben in der Natur, wenn auch die Tage des *crofting* gezählt sind, denn die Landflucht ist groß. Die Inseln und die Northwestern Highlands sind heute schon nahezu unbewohnt. Hauptsächlich die Jugend zieht auf der Suche nach Arbeit und Abwechslung fort in die Städte. Zivilisationsfolger, gewissermaßen, so wie Bussard, Hühnerhabicht und Baummarder, die auch in Nutzforsten oder den ausgedehnten Getreidefeldern der Lowlands den einen oder anderen Leckerbissen vorfinden.

IN DEN LOWLANDS: AUEROCHSEN-NACHFAHREN MIT BEATLES-FRISUR

Vor allem an der südlichen Ostküste gedeihen im Tiefland auf fruchtbaren Böden Weizen, Raps, Rüben und Gerste. Wobei man Letztere heute weniger als Futterpflanze anbaut, sondern sie für den Malt Whisky mälzt. Seit nicht mehr Pferdefuhrwerke über die Straßen klappern, hat auch der Hafer als schottisches Grundnahrungsmittel für Mensch und Tier ausgedient. Auf großen Höfen wird in den Lowlands hochmechanisierter Ackerbau und spezialisierte Viehzucht betrieben. Zunehmend knattern zum halbjährlichen Weidewechsel Schaftransporte durchs Land. Mehr und mehr weichen das Blackface-Schaf oder die auf den nördlichsten Inseln beheimateten Shetland-Wollknäuel dem fleischigen, doch empfindlicheren Cheviot-Schaf, das anders als seine gegen

Wind und Wetter gefeiten Gevatter nur auf den fetteren Weiden im Tiefland überwintern kann.
Ganzjährig im Freien lässt es sich das Highland Cattle (Hochlandrind) gut gehen. Dieser stämmige, zottelige Nachfahre des ausgestorbenen Auerochsen mit seinen langen, gebogenen Hörnern und der fotogenen Beatles-Frisur wird seit zweihundert Jahren in seiner ursprünglichen Gestalt wieder gezüchtet und erfreut, gemütlich urtümlich anzusehen, nicht nur die Wanderer, sondern dank seinem langsam wachsenden, qualitativ hochwertigen Fleisch auch den Gaumen der Feinschmecker. Viel Gutes von Schaf und Kuh wächst ferner im sanften Hügelland der Region Dumfries and Galloway heran. Voller weißer und schwarzer Tupfen präsentieren sich die tiefgrünen Wiesen, auf denen hier Schafe blöken und dort, hornlos und schwarz gelockt, die kompakten Galloway-Rinder die Gräser abmähen und dabei, aus der Ferne betrachtet, eher wie überdimensionale Pudel denn wie Wiederkäuer aussehen. Wahrhaftig dickfellig trotzen sie jeder Witterung und beißen für die mäkligen Schafmäuler zudem die Disteln zurück. Und damit nicht einmal unverhofft ein artfremder Geselle Gefallen an einer Galloway-Schönheit findet, wacht über die Stammbäume seit 1877 die altehrwürdige Galloway Cattle Society.
Für die Frühstücksmilch sorgen die schwarzbunten Holstein-Rinder, und aus den unzähligen schottischen Gewässern kommt fangfrisch der Fisch auf den Tisch. Sagenhafte 98 Prozent der von Schilfgras und leuchtend gelben Sumpfschwertlilien umgebenen Seen, Flüsse und stillgelegten Kanäle sind absolut unverschmutzt. Im klaren Wasser tummeln sich Forellen, Hechte und Lachse. Gut zweihundert Lachsflüsse, darunter die berühmten Spey, Tay, Tweed und Dee, machen Schottland bei Anglern wie bei Fischottern gleichermaßen beliebt. Vor den Küsten gehen Seehunde und Walrösser auf Beutefang, besonders dort, wo die warmen Wasser des Golfstroms und das kalte nördliche Wasser zusammenströmen. Denn hier finden Dorsch oder Schellfisch, Hering, Flunder und Scholle, Makrele, Wolfsbarsch und sogar Heilbutt, kleine Haie und Wale reichlich Nahrung – und bestellen in ihrer Fülle wiederum eine üppige Tafel für die schottische Vogelwelt.
Über dreihundert Arten werden im Vogelparadies Schottland gezählt. In Felsklippen nisten zwischen rosa Nelkenkissen Millionen von Seevögeln: Trottellummen, Tordalken, Tölpel und Kormorane, die possierlichen Papageitaucher und natürlich Heerscharen von Möwen. Auf den nördlichen Inseln, in den westlichen Salzmarschen und großen Flussmündungen knacken Austernfischer mit langen roten Schnäbeln die Muscheln und geben ihren Gästen dazu lärmende Pfeifkonzerte zum Besten: den Enten und Wildgänsen aus Grönland und Island, die hier im Watt überwintern. Selbst der seltene Fischadler hat in Schottland wieder eine Heimat gefunden. Und über sie alle wacht mit Argusaugen die Royal Society for the Protection of Birds, die landesweit mehr als fünfzig Schutzgebiete unterhält.
Dass Ökonomie und Ökologie nicht unbedingt im Widerspruch stehen, haben mittlerweile auch über 450 mit dem »Green Tourism Business Scheme« ausgezeichnete Unternehmen bewiesen. Kleine Gehöfte und Whiskydestillen ebenso wie schmucke Hotels, lauschige Bed and Breakfasts oder informative Besucherzentren wurden für ihre engagierte Arbeit in Sachen Umwelt geehrt. Zur Freude der Einheimischen wie der Besucher – und zum Wohlergehen der Menschen wie der schottischen Tier- und der Pflanzenwelt.

SCHOTTISCHE SITTEN & GEBRÄUCHE

Das Image der Schotten – eine Mischung aus Wahrheit, Vorurteil und Klischee

links *Freundlicher Herbst trotz schottischem Wetter bei Lochearnhead*
unten *Schottische Farbenpracht am Cromarty Firth, Easter Ross, Highlands (Firth = Förde)*

Ohrendbetäubende Dudelsackklänge, karogemusterte Röcke und Ströme von Malt Whisky, zu denen in rauer Natur das schottische Mannsbild, das sonst eigentlich Schäfer ist, kehlige Lieder anstimmt und wilde Volkstänze aufführt, dazu bändeweise Witze, die sich allesamt um Knicker und Knauser drehen ... so liebevoll pflegen die Schotten ihr Image. Die Frage, ob Wahrheit, Vorurteil oder Klischee, stellt sich dabei gar nicht; ebenso wenig wie das Geheimnis, was der Highlander wohl unter dem Rock trägt, jemals gelüftet werden wird. Schließlich handelt es sich bei *bagpipe* (Dudelsack) und *kilt* (Schottenrock), *malt* (Whisky) und der schönen Umgebung um die schottischen Markenzeichen schlechthin; wobei manches von dem, was die Fremdenverkehrswerbung gern an den Gast bringt, auch einen wahren Kern besitzt: Tatsächlich werden die Schotten auf der ganzen Welt als die besten Whiskybrenner gerühmt. Die Bagpipe lärmt so furchterregend, dass man sie in geschlossenen Räumen nicht spielen kann. Der sprichwörtliche schottische Geiz liegt in der Jahrhunderte währenden Armut der Highlands begründet. Und im Kult um den Kilt kommt der tiefe Stolz auf die eigene Tradition ebenso wie ein zeitgenössisches Product Placement zum Tragen.

Dabei schlüpfen am liebsten die Auslandsschotten, wenn sie die Heimat ihrer Vorväter besuchen, ins kleine Karierte. Nach kurzem Stopp in Aviemore in den Highlands, wo ihnen der Computer im Clan Tartan Centre binnen Sekunden ihren Clan, dessen

Heraldik, den Tartan (das spezielle Karomuster des Clans) und den aktuellen Häuptling preisgibt, lassen sich die Down-Under- oder Nova-Scotia-Nachkömmlinge für viele Pfundnoten bei einem Kiltmaker mit Rock ausstaffieren.

REAL SCOTTISHNESS – MIT RAUFLUST, REDE-, SANGES- UND TRINKFREUDE

Woran erkennt man also den authentischen Schotten? – Daran, dass er gewöhnlich eben nicht Kilt und Dudelsack trägt. The *Real Scottishness* hüllt sich im Alltag wind- und wetterfest in Tweed und zeigt sich höchstens verschnupft, sobald der traditionsreiche schottische Wollstoff mit dem *Auld Enemy England* und nicht originär mit seiner Herkunft von der Hebrideninsel Lewis and Harris identifiziert wird. Überhaupt sollte man jenseits des Tweed – und hier sind das Tuch wie der Fluss gleichermaßen gemeint – niemals den schottischen mit dem englischen Lifestyle verwechseln. Zwar gelten die Schotten als freundlich und weltoffen und manchmal auch kauzig. Aber sie reagieren sehr unwirsch, sofern man sie als »Nordbriten« bezeichnet oder, schlimmer noch, fälschlicherweise mit den Engländern verwechselt.

Geizig und großspurig, sturköpfig und witzig, sentimental, pragmatisch und lustig und doch voller düsterer Melancholie sollen sie sein. Dazu vom puritanisch-nüchternen, protestantischen Glauben beseelt, bereichert um das gälisch-keltisch-katholische Erbe, das mit Rauflust, Rede-, Sanges- und Trinkfreude ganz im Augenblick schwelgt. Bescheiden, bedürfnislos und gleichzeitig von hochtrabender Selbstüberschätzung. Lebensverliebt. Depressiv. Über die ganze Welt verstreut und zugleich inniglich heimattreu. Handelt es sich demnach beim Schotten an sich um einen inneren Widerspruch? Vielleicht kann darauf Robert Louis Stevenson eine Antwort geben, der bereits im 19. Jahrhundert schrieb: *Schottland ist eine unendlich geteilte Nation. Was sie eint, ist das Bewusstsein, nicht englisch zu sein.*

Von den Highlands und Inseln aus hat das gälische Wort *clann* für »Kinder, Sippe, Gefolgschaft« auf der ganzen Welt Einzug gehalten. Seit dem frühen Mittelalter bildete sich die Clan-Struktur als Grundlage der gälischen Gesellschaft heraus und machte Schottland zum Stammland aller MacDonalds, Mac (Mac = Sohn des XY) Kenzies, MacLeans und MacLeods auf der Welt. Besonderes Merkmal am Clan-System war, dass es auf einer höchst persönlichen Beziehung zwischen dem *chieftain* (Stammeshäuptling) und seinem Gefolge beruhte, an dessen Anfängen wahrscheinlich auch einmal enge verwandtschaftliche Beziehungen standen. Im Zuge einer jahrhundertelangen Heirats-, Familien- und Konkurrenzpolitik zersplitterten sie jedoch und verwandelten die heutige schottische Clan-Karte in einen kunterbunten Flickenteppich.

STAMMESHÄUPTLINGE UND IHRE CLANS

Verwandtschaft war also nicht zwingend für die Zugehörigkeit zu einem Clan. Viel mehr galt der Treueeid, den man dem Chieftain schwor, womit man sich dessen Rechtsprechung unterstellte und für ihn ins Feld ziehen musste. Im Gegenzug erhielt man

Farben und Formen im Glen Lui am Fuß der Cairngorm Mountains, Aberdeenshire

In 70 Orten finden die Highland Games statt. Webmuster und Farben der Kilts zeigen, welchem Clan der Träger angehört

dafür Anteil am gemeinschaftlich verwalteten Land sowie Schutz durch sämtliche Clan-Mitglieder. So entstanden allmählich verschworene, geschlossene kleine Gemeinschaften, nach innen patriarchalisch und solidarisch, nach außen in der Regel im Wettstreit um Macht und Einfluss mit den anderen Clans, nicht selten auch feindselig.

Zu den gewichtigsten und einflussreichsten Stammesverbänden zählten Clans wie die Campbells oder die MacDonalds, die kleinere Sippschaften entweder in Kriegen besiegten oder durch geschickte Heiratspolitik übernahmen, schließlich über ausgedehnte Ländereien verfügten und so ihrem Einfluss auch auf nationaler politischer Ebene zunehmend Geltung verschafften. Um den zweiten Platz im Wettkampf um Ansehen und Führerschaft rangelten die Clans

der Frazers und Gunns, der MacPhersons, MacLachlans, MacLeans und MacLeods oder der Kennedys, die später in Übersee immerhin eine Reihe weltbekannter Politiker hervorbrachten. Doch wenn sich heute beispielsweise ein US-Kennedy auf die Suche

nach seinen schottischen Wurzeln begibt, wird er schwerlich noch auf echte Verwandte treffen. Angesichts von gut 25 Millionen schottischen Auslandsnachkommen ist es überaus unwahrscheinlich, dass sämtliche Clan-Mitglieder, die sich als Abkömmlinge eines bestimmten Clan-Gründers betrachten, wahrhaftig noch miteinander verwandt sind.
Aber was tut das zur Sache? Schottland ist schließlich voller Legenden. Wahr ist dagegen, dass viele Stammeschefs bis heute riesige Güter in den Highlands und auf den Inseln besitzen und dort in herrlichen Schlössern und Landsitzen residieren. Und auch die altehrwürdigen Namen gehören mitnichten dem Fabelreich an. So derjenige des »Lord MacDonald of Skye and MacDonald of MacDonald«, 29. High Chief von etwa drei Millionen MacDonalds weltweit, zudem Namengeber der weltbekannten Hamburgerkette.

Rund 500 Großgrundbesitzer teilen sich in den Highlands eine feudale Landfläche, etwa so groß wie die Niederlande oder die Schweiz – also über 40000 Quadratkilometer, mehr als die Hälfte Schottlands. Zu ihnen gesellt sich eine stattliche Anzahl von *white settlers*, wie die Schotten ihre »Zugereisten« bezeichnen: neben deutschen, Schweizer und holländischen Aussteigern, die sich im einsamen Hochland ihre kleinen Idyllen schaffen, vor allem der in London beheimatete Geldadel, der in der schönen Natur seine Sommersitze unterhält. Doch wem das Land auch immer gehören mag, auf keinen Fall darf man sich darüber hinwegtäuschen lassen: Die Lokalpolitik in den Dörfchen und Weilern machen nach wie vor die alteingesessenen Familien. Selbst wenn man nur ein kleines Steinmäuerchen setzen will, kommt niemand am Wohlwollen der eingeborenen MacLeods, MacLeans und MacKenzies vorbei.

oben *Eichenwald auf der Insel Mull*
rechts *Heidewald bei Coylumbridge, Cairngorm Mountains*

DER KULT MIT DEM KILT

Der Rock des Landes ist der Kilt, und das Tuch des Kilts ist der Tartan – der Wollstoff, an dessen Karomuster man die Clan-Zugehörigkeit seines Trägers ablesen kann, je nach Anzahl, Breite, Verlauf und Farbe der Streifen. Ursprünglich handelte es sich beim Tartan um einen beinahe bodenlangen karierten Umhang, den 1720, so erzählt man sich, ein geschäftstüchtiger Engländer kurzerhand abschneiden ließ, um seinen schottischen Arbeitskräften zu größerer Bewegungsfreiheit zu verhelfen. Seither darf sich nur Schottenrock nennen, was seinem – männlichen – Inhaber bis an die Knie langt, beim Knien auf keinen Fall den Boden berührt, außerdem kleinkariert ist und rücklings über aufwendige Falten verfügt. Traditionell ist der Kilt Männersache, die Dame trägt maximal *kilted skirts*: Röcke eben, die je nach Mode mal kürzer oder auch länger sein dürfen, mit Mustern, die aber nicht festgelegt sind. Nicht so der Kilt. Denn bei der alten Clan-Tracht der Highlander geht es um weitaus mehr als nur ein Stoff gewordenes Folklorestück. Er ist schottische Weltanschauung!

Erstmals Erwähnung findet er 1538 in der Regierungszeit von James V. Doch wurden die Tartans bereits wesentlich früher gewebt, in ihrer Farbgebung von Region zu Region unterschiedlich, da abhängig davon, was die Natur an roten und blauen heimischen Beeren, grünen und braunen Flechten und Wurzeln für die Farbpalette jeweils bereitstellte. Spätestens ab dem 19. Jahrhundert kreierten die verschiedenen Clans dann spezielle Streifenmuster exklusiv für die eigene Sippe, weshalb seitdem der Tartan, wie das Wappen, als heraldisches Kennzeichen dient. Mit seinem typischen Karomuster offenbart sich der Clan: rot-gelb gestreift beispielsweise die Stewarts, grün-blau-gelb die Douglas oder in zahlreichen Grautönen die englischen Royals, für die seinerzeit eigens Queen Victorias Prinzgemahl das Balmoral-Karo entwarf, das selbstredend nur von den Angehörigen der Familie Windsor getragen werden darf.

Dass es in der »Tartanologie« stets mustergültig zugeht und kein Unfug mit den über 600 klassischen Tartanmustern getrieben wird, dafür sorgt am Lord Lyon Court in Edinburg mit gestrengem Regime der staatliche Wappen- und Stammtafelhüter, der Lord Lyon King of Arms: höchster königlicher Minister in Schottland und Stellvertreter des Souveräns; während die Scottish Tartan Society in Comrie bei Perth einem bei der Suche nach dem eigenen Clan sowie beim Entziffern eines speziellen Karomusters weiterhilft.

Und was trägt Mann zum Kilt? – Das hängt von der Gelegenheit ab. Zum *casual kilt*, aus leichterem Stoff und für den Alltag bestimmt, hüllt man sich obendrüber entweder in einen V-Ausschnitt-Pulli oder eleganter in Hemdsärmel, Weste und Tweedsakko. Den *dress kilt* aus erstklassigem Tuch holt der Gentleman zu förmlichen Gelegenheiten hervor und schlüpft dazu passend in schwarze Samtweste und Dinnerjacket. Die Beine schmücken wollene Kniebundstrümpfe, in denen sich der *sgian dubh* verbirgt, ein winziger Dolch als Erinnerung an die Jahrzehnte nach der verlorenen Schlacht von Culloden, in denen den Highlandern das Tragen von Waffen verboten war. Und da der Kilt keine Taschen hat, transportiert mann seine Accessoires über der Bauchmitte im *sporran*, einem reich verzierten Fell- oder Ledertäschchen, neben dem seitwärts der *dirk* baumelt, ein beeindruckender vierzig Zentimeter langer Degen, der ebenfalls zur Abendgarderobe zählt.

So bleibt nur noch die Frage zu klären, die die Welt bewegt, seit bekannt wurde, dass in Schottland das starke Geschlecht Röcke anzieht: Was trägt es unter dem Kilt? Als 1822 in Edinburg Ihro Majestät George IV. in Royal-Stewart-Tartan gewandet die Highlander-Parade abschritt, waren es fleischfarbene Leggins. Wogegen der Kinofilm *Braveheart* nackte Tatsachen vorführt. Endgültige Gewissheit über das Untendrunter existiert allerdings nicht. Es wird wohl für immer im Verborgenen bleiben, wie auch das Rätsel niemals gelüftet werden wird, ob es im Loch Ness tatsächlich ein Ungeheuer gibt. Allemal trägt aber der Tartan als Identitätsstifter und cooler Werbeträger zum Schottland-Kult bei. Galt die traditionelle Hochlandtracht spätestens seit dem 19. Jahrhundert als nostalgischer Musterfall der schottischen Sehnsucht nach nationaler Identität, so repräsentiert das kleine Karierte heute den Stolz auf die eigene Geschichte ebenso wie es beliebte Touristenattraktion und auch ein Stück Popkultur ist. Mythos und Wirklichkeit zugleich.

SACKPFEIFEN MIT HÖCHST EXZENTRISCHER TONSKALA

Niemand in Schottland behauptet, der Dudelsack sei eine Erfindung von »jenseits des Tweed«. Jedoch hat man dem ursprünglich aus dem Orient stammenden, uralten Holzblasinstrument, mit dem schon die Fakire Schlangen beschworen und die römischen Legionäre marschierten, in Schottland die durchschlagendsten Flötentöne beigebracht. Während bei den kleineren Geschwistern aus der Familie der Sackpfeifen die Luftversorgung durch einen Blasebalg unter dem Arm erfolgt und man so einen vom Atem unabhängigen Dauerton erzeugt, füllt sich bei der imposanten Great Highland Bagpipe der Sack über ein Mundstück mit Rückschlagventil, an welchem drei Basspfeifen für die unkalkulierbar anmutenden Brummtöne (*drones*) sowie eine Melodiepfeife hängen. Dabei folgen die Tonschritte der Pfeifen nicht der klassisch mitteltönigen, wohltemperierten Klaviatur, sondern produzieren eine höchst exzentrische Skala, die das domestizierte Ohr irgendwo zwischen schräg und schrill ansiedeln muss. Darüber

hinaus bringt seine markerschütternde Lautstärke die Wände zum Wackeln.
Zum Konzertieren in geschlossenen Räumen oder gemeinsam mit anderen Instrumenten eignet sich der schottische Hochland-Dudelsack deshalb nicht. Dank seiner Durchschlagkraft kommt er umso lieber als Militärinstrument zum Einsatz, und es wundert nicht, dass seinerzeit im *Disarming Act*, den die siegreichen Engländer nach der Schlacht von Culloden oktroyierten, den Highlandern neben dem Tragen von Waffen auch das Bagpipe-Spielen verboten wurde. Etwa dreihundert von den *Piobaireachds*, den uralten keltischen Sackpfeifenmelodien, blieben dennoch erhalten, darunter manche über ein halbes Jahrtausend zählende Weise wie *The Battle of Harlaw* (1411) oder *The Park Piobaireachd* (1491). Zusammen mit Liedern in gälischer Sprache erfreuen sie sich auf Folk-Festivals heute wieder großer Beliebtheit.

MAN SPRICHT GÄLISCH UND SCOTS

Gàidhlig (Schottisch-Gälisch), die Sprache der Highlands, war ebenfalls lange Zeit vom Aussterben bedroht. Die eng mit *Gaeilge* (Irisch-Gälisch) verwandte Sprache beherrschen heute keine 60 000 Menschen in Schottland mehr. Nur in einigen Gebieten der Northwest Highlands, auf den abgelegenen Inseln der Äußeren Hebriden und in ein paar kleinen Weilern auf *An't-Eilean Sgitheanach* (Insel Skye) ist Gàidhlig noch geläufige Alltagssprache. Dazu kommt in Glasgow eine rege gälische Kulturszene, die sich in Rückbesinnung auf die eigenen Wurzeln der Pflege des über viele Jahrhunderte unterdrückten gälischen Kulturerbes widmet. Und das Interesse wächst stetig. Vorschulgruppen wie Grundschulklassen mit Gälisch als Unterrichtssprache haben Zulauf, BBC wie Scottish Television senden regelmäßig ein gälisches Programm mit englischen Untertiteln, und zweisprachige Schriftzüge auf Straßen- und Ortsschildern sind keine Seltenheit mehr. In später Anerkennung der uralten Hochlandkultur brachte 2005 das schottische Parlament den *Gaelic Language Act* auf den Weg, mit dessen Verabschiedung Gàidhlig neben Englisch die zweite offizielle Landessprache sein wird.
Wie Gälisch die Sprache der Highlands, so ist Scots das Idiom in den Lowlands. Früher auch als *Lallans* bezeichnet, entwickelte sich dieser englische Dialekt aus dem germanischen Angelsächsisch und gewann bereits im 15. Jahrhundert südlich des Great Glen die Oberhand. Bis zur Union mit England war er schottische Amtssprache, und auch gegenwärtig unterhalten sich noch rund ein Drittel aller Schotten in Scots. Aber egal welcher Zunge: Von der Nordspitze der Shetlandinseln bis zu den Cheviot Hills ist ein besonders typischer Ausdruck sämtlichen Landeskindern gemein: ein ganz laaang gezogenes Aye, das je nach Mimik und Gestik alles Mögliche heißen kann – von »ja« und »okay« über »weiß nicht«, »gut möglich«, »mal sehen« und »vielleicht« bis hin zu »nein«.

STACHELIGES UNKRAUT ALS NATIONALBLUME UND WEITERE HEILIGTÜMER

Allgegenwärtig in der schottischen Natur sprießt die *Flower of Scotland*, ein gefürchtetes Weideunkraut, das die Tiere wegen seiner stachelbewehrten Blätter verschmähen. Gleichwohl ziert es das Wappen der Stuarts. Wahrlich keine Schönheitsprinzessin, und dennoch legendenumwobene schottische Nationalblume. Die Distel, Carduus acanthoides. Ihr ist die Rettung Schottlands vor den Wikingern zu verdanken. So erzählt es zumindest die Sage, und die geht folgendermaßen: In der Nacht vor der Schlacht von Largs im Jahr 1263, als die Nordmänner im Schutz der Dunkelheit an der Küste landeten und sich an das schottische Feldlager heranschlichen, trat einer der Kämpfer auf eine Distel und schrie vor Schmerz so laut auf, dass die Schotten gewarnt waren, ihrerseits angriffen und dem Feind auf der Stelle den Garaus machten.

Alles Weitere ist Geschichte, und die lautet so: Unter König James III. wurde die Distel im 15. Jahrhundert zum Wahrzeichen der Stewarts. Seit 1687 wird für außerordentliche Verdienste *The Most Ancient and Most Noble Order of the Thistle*, der »Orden von der Distel« verliehen, womit das pieksende Unkraut nach dem Hosenbandorden zur zweithöchsten Auszeichnung in Großbritannien aufstieg. So geehrte Persönlichkeiten dürfen sich mit dem Prädikat *Knight of the Thistle* (Ritter der Distel) schmücken, einer im Unterschied zur botanischen Landplage höchstgradig exklusiven Ehrbezeichnung. Nur sechzehn lebende Personen tragen den Titel.

Zur Nationalflagge haben die Schotten den *saltire*, das X-förmige weiße Andreaskreuz vor blauem Hintergrund, auserkoren, so wie der schottische Schutzheilige Andrew einst auf einem Schrägbalken gekreuzigt worden sein soll, weil er sich nicht für würdig befand, ebenso wie Jesus Christus zu sterben. Die Ursprünge des Saltire liegen demnach ebenfalls im Reich der Legenden, und in diesem Fall geht sie so: Im Krieg gegen die Angelsachsen erschien 736 den Pikten am blauen Himmel das heilige Kreuz des Andreas, das ihnen den siegreichen Weg im Kampf gegen die Heiden wies. Die Wahrheit: Der Gebrauch des St. Andrew's Cross geht auf die mächtigen Bischöfe von St. Andrews im Mittelalter zurück, die das Kreuz ihres Schutzpatrons im Siegel führten und es damit schottlandweit etablierten. Bereits Anfang des 14. Jahrhunderts war das Andreaskreuz als nationales Emblem im Gebrauch. Und seit Inkrafttreten der Teilautonomie zur dritten Jahrtausendwende flattert der Saltire bei offiziellen großbritischen Anlässen auch wieder gleichberechtigt neben dem *Union Jack* im Wind.

Nur mit der Nationalhymne will es nicht so. Wenn man denn nicht wirklich eine Nation ist, welche Weise aus dem reichen schottischen Liedgut soll man als Loblied auf Schottland wohl anstimmen? Weltweit bekannt: *Auld Lang Syne* – zu sentimental. Also bleiben im Sängerwettstreit, schmissig, kernig, sehr patriotisch und tauglich für die schottischen Sportstadien *Flower of Scotland* und *Scotland the Brave*. Letzteres älter und darum in der Beliebtheitsskala eine Nasenlänge vorn: *Land of my high endeavour / Land of the shining river / Land of my heart for ever / Scotland the brave.* Und in Konkurrenz dazu das jüngere Flower of Scotland. 1974 wurde der aus der Feder des Bandleaders der Corries, Roy Williamson, stammende Song von schottischen Rugbyfans erstmals auf der Lions-Tour in Südafrika angestimmt, und der schottische Fußballverband folgte dem Beispiel. Denn besonders die letzten Zeilen eignen sich bestens, den Auld Enemy England mit voller Stimmgewalt heimwärts zu schicken: *And stood against him / Proud Edward's Army / And sent him homeward / Tae think again.*

Bild Seite 38-39 *Gruinard Bay bei Mungasdale, Highlands*

ERFINDER VON GOLF, PANTOFFELWETTHÜPFEN UND NATIONALGERICHT-SCHLEUDERN

Wie überall auf der Insel ist Fußball auch in Schottland mehr als nur ein bewegendes Mannschaftsspiel. Die Jagd nach dem runden Leder ist eine Glaubensfrage! Insbesondere wenn die beiden Spitzenklubs und Erzrivalen Glasgow Rangers und Celtic Glasgow zum Old Firm Derby antreten, dem ältesten Fußballderby der Welt, das bald zum 600. Mal für brodelnde Atmosphäre sorgen wird. Schon über fünfzigmal konnten die Rangers, Gers genannt, den Pokal nach Hause tragen, gefolgt von den *Celtic Bhoyz*, die auch bereits über 30 Meistertitel unter Dach und Fach brachten. Hie in blau-weißen Trikots und protestantisch, da in grün-weißer Kluft und katholisch.

1887 wurde Celtic von irischen Einwanderern gegründet, noch in den 1970er-Jahren durften bei diesem Klub nur Katholiken kicken, während man bei den fünfzehn Jahre älteren Rangers ausschließlich Protestanten beschäftigte. Glaubenskrieg auf dem Rasen. Nur schon über die Konfessionsgrenze hinweg eine Lady aus dem feindlichen Lager zu heiraten, war für die Spieler Kündigungsgrund; und auch heute kommt es fast noch dem Sündenfall gleich, als Celtic-Fan mit einem Ranger-Anhänger gemeinsam im Pub an der Theke zu stehen. Lediglich wenn ein Match gegen die Engländer ansteht, bevölkern sie Seite an Seite die Ränge. Denn dann heißt es gemeinsam im Chor so lauthals wie möglich Rache für die verlorene Schicksalsschlacht 1745 zu nehmen.

Ganz und gar gesittet geht es dagegen beim Golf zu, dem schottischen Nationalsport schlechthin. Ein einsamer Schäfer soll ihn erfunden haben, indem er zum Zeitvertreib mit seinem Hirtenstab Steinchen anstupste und sie in Kaninchenlöcher kullern ließ. Historisch verbürgt ist der Golfsport seit 1457, als König James II. ihn verbot, womit bewiesen ist, dass das Spiel mit dem Stock seinerzeit bereits breite Popularität genoss. Vor allem an den Küstenstrichen der Nordsee war es beliebt, durch die Dünen zu schlendern und dabei einen kleinen Ball mit möglichst wenigen Schlägen in ausgemachte Sandkuhlen zu lenken.

1744 fand in Edinburg schließlich das erste Turnier nach einem präzisen Regelwerk statt – die Geburtsstunde des modernes Golfsports. Dreißig Jahre später folgte die Gründung der Honorable Company of Edinburgh Golfers, des ersten offiziell eingetragenen Golfklubs der Welt; und von da an gab es für die weißen Bällchen kein Halten mehr. Nirgends in Schottland ist der nächste Platz weit entfernt, über 400 zählt man im Land. Darunter so berühmte wie The Gleneagles Perthshire, keine Autostunde nordwestlich von Edinburg, wo über den Fairways im sanften Hügelland das imposante Gleneagles-Luxushotel thront. Sehr exklusiv. Einzig Hotelgästen und Klubmitgliedern wird das Vergnügen zuteil, den Rasen der drei anspruchsvollen 18-Loch-Golfplätze zu begehen.

Nicht weniger illuster präsentiert sich der Royal and Ancient Golf Club von St. Andrews auf der Halbinsel Fife. Altehrwürdiger Gralshüter der Regeln, Gentlemen's Club und Austragungsort der internationalen British Open. Rechtzeitig zur 134. Open Championship 2005 fertiggestellt, wurde der legendäre Old Course um 164 Yards auf insgesamt 7279 Yards verlängert, welche die weltbesten Profis nun absolvieren müssen, ohne den Ball in einem der gefürchteten Pottbunker zu versenken. Zuletzt gelang das im Jahr 2000 Tiger Woods mit dem Rekordergebnis von 269

Schlägen bei 19 unter Par. Dennoch ist Golf in Schottland nie ausnahmslos exklusiv gewesen, sondern im Gegenteil Volkssport und der Schotten liebste Leibesertüchtigung. Auf den zahlreichen Fairways tummeln sich Jung und Alt, Mann und Frau, Arm oder Reich, der Professor neben dem Schuhverkäufer, und nicht das Outfit oder der Markenschläger, sondern einzig das Können zählt.

Meisterschaftlich geht es jedes Jahr zwischen Mai und September obendrein in den Highlands zu. In siebzig Orten werden dort immer in der schönen Jahreszeit die Highland Games ausgetragen. Volkstümlich-traditionell, eine Gaudi für die Touristen und doch hoch seriös, wenn die Clans zum Tauziehen im Kilt mit ihren Muskeln spielen oder gegeneinander zum Gummistiefel-Weitwurf antreten. Und selbstverständlich hält Schottland, wie für jedes nationale Ereignis, auch für die Highland Games einen Ursprungsmythos parat. Die Sage erzählt, König Malcolm Canmore habe im 11. Jahrhundert einen Wettlauf von Braemar aus auf den Craig-Choinich-Gipfel und wieder zurück organisiert, um so die Recken mit der größten Kondition auszukundschaften.

Seither haben sich zu den Dauerläufen auf nahegelegene Bergkuppen die Disziplinen *Throwing the Hammer* (Stein- bzw. Eisenklotzstoßen, über 25 Kilo Gewicht), *Tug-og-war* (Tauziehen), *Sheaf Toss* (Heusäcke mit der Heugabel in die Luft katapultieren) und am spektakulärsten *Tossing the Caber* hinzugesellt. Bei Letzterem handelt es sich um Baumstammwerfen, wobei nicht die größte Distanz, sondern der makelloseste Wurf bewertet wird. Das heißt, der bis zu 5,8 Meter lange Stamm muss einen tunlichst stilvollen Salto vollführen und anschließend so zu Boden fallen, dass seine Spitze in gerader Linie vom Werfer weg liegt.

Neben diesen traditionsreichen Disziplinen finden Ausscheidungen in Pantoffelwetthüpfen, Nationalgerichtschleudern oder Beauty Contests um das schönste Knie weit und breit statt. Und auch die Damen kommen zum Zug, wenn sie ausnahmsweise einmal im Kilt Sprints einlegen dürfen oder graziös auf der Stelle tippelnd den *Highland Fling* aufführen. Beim *Sword Dance* bietet die Männerwelt über zwei gekreuzten Schwertern ihre Bizeps-Parade zum Besten, und zum *Gaelic Step* tanzen schließlich alle zusammen. Mit erhobenen oder seitlich in die Hüften gestützten Armen steppt dann der Bär.

Dazu fließt ringsum in den Festzelten der Whisky in Strömen, während die Piperbands in Marschformation zum ohrenbetäubenden Wettstreit aufspielen. Denn für das beste Dudelsackblasen gibt es ebenfalls Preise zu gewinnen. Das Saisonfinale bilden jährlich am ersten Septembersamstag die berühmten Braemar Royal Highland Games, bei denen es allerdings um einiges artiger zugeht. Da sie nur zwei, drei Caber-Würfe von Schloss Balmoral entfernt stattfinden, wohnen ihnen traditionell Queen Elizabeth II. und zahlreiche Royals bei.

Man feiert gern und ausgelassen in Schottland. So lässt sich der Umstand, dass kaum gesetzliche Feiertage existieren, gleich auf dreierlei Weise erklären: Im calvinistischen Sinne – womöglich wollte die Obrigkeit die Gelegenheiten zum Schwofen nicht noch vermehren; im staatspolitischen Sinne – wo kein Nationalstaat, da auch kein Nationalfeiertag; oder mit dem schottischen Eigensinn – indem man sich einfach nicht gern vorschreiben lässt, wann und wo es etwas zu feiern gibt. Ausnahme: Wie überall in der Christenheit begeht man auch jenseits des Tweed Weihnachten: Der 25. Dezember ist gesetzlicher Feiertag.

oben *Abstrakt wirkender Blumenteppich im Glen Clunie* · rechts *Strandnelken am Loch Sunart, Highlands*

Highland Games, Baumstammwerfen in Oban, Argyll & Bute

FEST DES GROSSEN HÄUPTLINGS DER PRESSWURSTSORTEN: SCHOTTLANDS WICHTIGSTES GELAGE

Doch das wichtigere Winterfest, *hogmanay*, findet erst sechs Tage später statt. Sobald die Kirchturmglocken um Mitternacht das neue Jahr einläuten, setzt sich zum traditionellen *footing* halb Schottland in Gang, um der anderen Hälfte ein fröhliches Neues zu wünschen; als Mitbringsel ein Stückchen Kohle und einen Kanten schwarzes Brot im Gepäck, auf dass bis zum nächsten Hogmanay nie Feuer und Essen ausgehen mögen. Viele Glückwünsche werden ausgetauscht, und damit sie auch in Erfüllung gehen, wollen sie alsdann tüchtig begossen werden. In der Silvesternacht, und sicherheitshalber noch einmal am Neujahrstag, und anschließend auch noch am 2. Januar, der in Schottland ebenfalls gesetzlicher Feiertag ist, und gelegentlich sogar drei, vier Tage und Nächte lang. Denn bekanntlich lässt sich der *drought of the dog*, die trockene Kehle, am effektivsten bekämpfen, indem man den Tag danach mit einem *hair of the dog*, einem Verdünnten vom selben wie am Vorabend beginnt.

In den nächsten drei Wochen befindet sich dann gesamt Schottland in Rekonvaleszenz, um sich für das wichtigste und schottischste aller schottischen Feste zu stählen: die Burns Night zum Geburtstag des Nationaldichters Robert Burns am 25. Januar: Schottlands feuchtfröhliches Salut an seinen gefeiertsten Trunkenbold. Seit Burns Todesjahr 1796 wird das Gelage zu Ehren des *Great Chieftain of the Puddin' Race* (Großer Häuptling der Presswurstsorten) rund um die Welt zelebriert, wo auch immer nur zwei Schotten zusammentreffen. Wobei die Feier dem König der Presswürste, dem schottischen Nationalgericht Haggis gilt: gekochter Schafsmagen, prall mit einem Haschee von Schafnierenfett, Schafleber, Schaflunge, Schafherz, Zwiebeln und grobem Hafermehl gefüllt, serviert mit *tatties and neeps* (Kartoffeln und Rüben). Für die Einstimmung zum *Burns supper* kommt vorweg eine kräftige *cock-o-leekie* auf den Tisch, eine Suppe aus Huhn, Lauch und Dörrpflaumen.

Und bevor dann die kulinarische Krönung der Burns Night aufgetragen wird, erheben sich alle Burns-Jünger andächtig und rezitieren die acht Strophen der Hymne des Dichters an das rugbyballförmige Nationalgericht *To a Haggis*. Lästermäuler behaupten zwar, dass das gesamte Brimborium nur zur Aufführung kommt, um die Ströme von Whisky zu rechtfertigen, die dabei die Kehlen hinabrinnen – während die Gegenseite wiederum anführt, dass der Whisky der am dringendsten benötigte Bestandteil der Festtafel sei, um den Haggis überhaupt hinunterzuspülen. Wie dem auch sei, allemal zählt die Burns Night zu den wichtigsten patriotischen Angelegenheiten, und wer sie heil übersteht, darf sich zu Robert the Bruce, William Wallace und Bonnie Prince Charlie in die Reihe der größten schottischen Nationalhelden gesellen.

Insbesondere für fremdländische Gaumen mag Haggis zunächst gewöhnungsbedürftig erscheinen und das eine oder andere begleitende Gläschen erfordern; ebenso wie der Geschmack von *Scotch broth* nicht jedermanns Sache ist, da die dicke Suppe aus Hammelfleisch, Rüben, Möhren, Zwiebeln, Blumenkohl, Erbsen und Kopfsalat mit Zucker und reichlich Minze abgeschmeckt wird. Wie die meisten landestypischen Spezialitäten der Welt wurzeln auch die traditionellen schottischen Gerichte in der einstigen Armeleuteküche. Und wo Schmalhans regierte, bestand die Kunstfertigkeit darin, aus dem Spärlichen, das die Natur hergab, möglichst gehaltvolle Speisen zu zaubern.

Spaßvögel sagen nun, die geizigen Schotten äßen Haggis nur aus dem Grund, damit sie das gute Fleisch weiterverkaufen können. Und dies endlich unterscheidet die schottische von den anderen Landesküchen – als besondere Zutat würzen sie Witze. Wie kochen Schotten Tomatensuppe? Indem sie heißes Wasser in eine rote Schüssel gießen. Oder: Warum isst man Pfefferminzsauce zum Lamm? Weil die Schafe das ganze Land kahl gefressen haben und nur die Minze stehen ließen.

So konnte die Armut der Menschen immerhin mit einer tüchtigen Portion Humor wettgemacht werden. Denn tatsächlich landete das Gros der schottischen Fleischproduktion in den englischen Backröhren. Auf den Märkten im südlichen Nachbarland ließen sich dafür erheblich höhere Preise erzielen. Und tatsächlich mussten die ärmeren Schotten ihre Fleischrationen in der Regel mit gehörig viel Fett, oft in Form von minderwertigem Talg, und noch mehr Hafer- oder Gerstenmehl strecken, um sämtliche hungrigen Mäuler am Tisch stopfen zu können. Vor allem Rindfleisch kam maximal am St.-Martins-Tag in den Topf. Dies nicht um den mildtätigen heiligen Martin mit einem Festmahl zu ehren, sondern weil das Viehfutter oft selbst in guten Jahren um den 11. November herum schon so knapp war, dass man die schwächeren Tiere notschlachten musste, um die anderen über den Winter bringen zu können.

oben *Auf dem Berg Stac Pollaidh mit Sicht auf den Loch Lurgainn, Highlands*
unten *Hangstrukturen im Glen Torridon, Highlands*

rechts oben *Little Loch Broom, Highlands*
rechts unten *Glen Lyon, Schottlands längstes Glen. Perthshire & Kinross*

IST DIE SCHOTTISCHE KÜCHE BESSER ALS IHR RUF?

In der Tat ja, sofern man vielleicht von *porridge* (Hafer- oder Gerstenschleim) absehen möchte. Das Meer wie die zahllosen Flüsse und Seen, die würzige frische Luft und die raue Natur bilden gewissermaßen die Grundzutaten für die schottische Küche und sorgen für ihren bodenständigen Charakter. *Very British* gesellt sich noch das opulente Frühstück hinzu mit deftigen Grillwürstchen, Räucherforelle, Schinken und Eiern, gebuttertem Toast, von Honig oder Orangenmarmelade gekrönt, dazu Orangensaft, Kaffee und Tee; und erst recht biegt sich die Tafel zum *Scottish high tea*, zu dem man zusätzlich zu besagten Fleisch-, Fisch- und Eierspeisen außerdem gegrillte Tomaten, *Scotch pancakes* (Waffeln), *gingerbread* (Ingwergebäck), *oatcakes* (knochentrockene Haferplätzchen) und *scones* serviert.

Letztere aus Gersten- oder Hafermehl, Backpulver, Butter, Milch und Salz gekneteten Kaffeestückchen leiten nicht nur ihren Namen vom schottischen Krönungsstein her, sie ähneln ihm auch in der Form, und wenn sie nicht gut gelungen sind, verfügen sie schlimmstenfalls sogar über dessen Konsistenz. Nichtsdestotrotz genießt man sie überall in der angelsächsischen Welt, wohl weil man sie wegen ihrer Geschmacksneutralität mit allem Möglichen füllen, belegen oder beträufeln kann, gleich ob mit würzigem Käse, Konfitüre und Sahne, Ahornsirup oder gar Erdnussbutter.

Für die abendliche Hauptmahlzeit müssen in Schottland neben Schaf oder Lämmchen bevorzugt Angus- und Galloway-Rinder ihr Leben hergeben. Ihr Fleisch ist von ausgezeichneter Qualität, und die besten Stücke zieren als *roast* (Braten) jede Sonntagstafel. In der Alltagsküche wird indes selbst beim guten Hornvieh ein bisschen gestreckt, beispielsweise um *minced collops* zuzubereiten: gekochten Fleischklops aus Rinderhack, Zwiebeln und viel grobem Hafermehl, der, mit reichlich Worcestersauce übergossen, auf einem Kranz aus Kartoffelbrei thront. Schwein wurde dagegen lange Zeit überhaupt nicht kredenzt. Im Unterschied zum Fleisch seiner wiederkäuenden Gevatter gelang es mit den in Schottland üblichen Konservierungsmethoden nicht, das äußerst wasserreiche Schweinefleisch haltbar zu machen. Über den Torffeuern konnte zwar das trockenere Rind- oder Schaffleisch geräuchert werden, doch erreicht die Hitze keineswegs die Temperaturen, die zum Durchgaren eines kräftigen Schweineschinkens notwendig sind. Und an Pökeln war gar nicht zu denken, Salz war ein Luxusgut.

Die Natur entschädigte ihre Einwohner dafür mit einem reich gedeckten Tisch voller Wild und Geflügel. Nicht dass Wilddieberei nicht strafbar gewesen wäre. Aber wer sich nicht schnappen ließ, konnte manch schöne Rehkeule oder auch mal einen deftigen Wildschweinbraten nach Hause tragen. Nicht zu vergessen das arme gejagte Moorhuhn, das als Leib- und Magengericht *grouse* aus der Backröhre kommt. Dazu muss es nach seinem Ableben mindestens sieben Tage gut abhängen, anschließend wird es mit Speck und Heidezweiglein umwickelt und in einem guten Schuss Portwein getränkt, um dann die nächsten dreißig Minuten im Ofen knusprig zu werden. Seefische an den Küsten, Süßwasserfische in den Seen und Flüssen waren ebenfalls stets in Hülle und Fülle vorhanden.

Vor allem der Lachs biss in solch rauen Mengen, dass ihn im 18. und im frühen 19. Jahrhundert die besseren Kreise als plebejisches Lebensmittel ablehnten.

Erst infolge der Überfischung erfuhr er seine Renaissance als Delikatesse, wird heute am liebsten wild in den berühmten Lachsflüssen Tay, Spey, Tweed, Don und Dee geangelt und seit 1969 zusätzlich in den Lachsfarmen an der schottischen Westküste gezüchtet. *Haddock* (Schellfisch) und Hering folgten ihm an den Küsten wie auf den Inseln jahrhundertelang als Arme-Leute-Grundnahrungsmittel.

Geköpft und geräuchert, schmeckt Schellfisch als *finnan haddock*, in Milch und Butter gekocht wird er als *finnan haddies* serviert, und selbst die allgegenwärtigen Fish-and-Chips-Buden wären ohne Haddock undenkbar. Der Hering kommt grün oder geräuchert auf den Tisch, oder er wird mit Haferflokken und Schmalz in der Pfanne gebraten: *Scottish herring*, den man ebenso wie *cod with mustard sauce* (Kabeljau in Milch und Petersilie gedünstet) an eine Senfsauce legt und zu seiner Begleitung *clapshot* aufträgt, ein Mus aus Kartoffeln, Zwiebeln und weißen Rüben.

Zum Nachtisch werden Süßigkeiten gereicht, die, wenn sie nicht Ice-Cream, Cheese Cake und Cookies heißen, traditionell auf der Grundlage von Fett und Hafermehl entstehen: *Scottish brownbread*, Mehl, Backpulver, Butter, Salz und brauner Zucker zum Kuchen gebacken; *Scottish shortbread*, dieselbe Köstlichkeit aus weißem statt braunen Zucker; *bannocks*, Plätzchen aus Schmalz und Hafermehl.

Cranachan, leicht geröstete Haferflocken mit Sahne verrührt und eventuell Whisky verfeinert; oder auch *Atholl brose*, die wie kein anderes Naschwerk den Einfallsreichtum der typisch schottischen Küche vorführt: Man nehme gewöhnlichen Haferschleim und seihe ihn durch ein Tuch, gebe zur so entstandenen Flüssigkeit (*brose*) Honig und Sherry hinzu und fülle das Ganze mit reichlich Malt Whisky auf. Vor dem Servieren gut schütteln, und dann *Sl' aing-hie vha!*, wie man sich auf Gälisch »Zum Wohl!« wünscht.

WHISKY – DER BERNSTEINFUNKELNDE GLEICHMACHER UND KÖPFER

Scharf brennender Tröster, feuriger Mutmacher, Freudenspender, Hexenmeister, bernsteinfunkelnder Gleichmacher Verderber und Köpfer. Elixier aus Fäulnis und den vier Elementen: Feuer, Wasser, Erde und Luft. *Uisge beatha* – Wasser des Lebens. Im Lauf der Jahrhunderte verballhornten die Engländer diesen magischen gälischen Begriff schnöde zu »Whisky«. Wann und wo er erstmals in Schottland gebrannt wurde, ist nicht bekannt. Doch wohl schon am Ausklang des Mittelalters schmückte bald jeden Wasserlauf in den Highlands eine Destille. Weit über hundert Produktionsstätten sind es geblieben, aus deren Abzugshauben über den Pagodendächern ein stetiger feiner Torfrauch aufsteigt. Die Pagodendächer sind die Skylines der Whiskydörfer und zugleich Wahrzeichen der Malzbrennereien. Nur der schottische Whisky darf sich Scotch nennen, nur der Malzwhisky Malt und – anders als Malzverschnitte (*vats*) oder Malz-Korn-Verschnitte (*blends*) – nur der beste, der reine, reelle Pure Single Malt.

Brennpunkt der schottischen Hochprozentigen sind die Highlands und dort die Grampian Mountains, wo allein sechzig Betriebe das goldfarbene Lebenswas-

Seiten 50-51 *Paradiesisch: Papageitaucherkolonie auf einer der sieben Treshnish Isles. Diese bis 35 cm langen nordischen Meeresvögel sind keine Papageien, sondern eine Alkenart (Fratercula arctica)*

ser herstellen. Glenfiddich, Glenlivet, Glen Grant, Glenfarclas, Dallas Dhu oder Cardhu lauten die Namen der wohl berühmtesten Destillen im Spey Valley am »Whisky Trail«. Über siebzig Meilen führt der Weg an Bruchstein-Dörfchen vorbei durch die Täler, in denen der Malt fließt, mit Dufftown als der Hauptstadt des »Lebenswassers«. 1887 startete von dort aus der Glenfiddich (gäl. »Tal der Hirsche«) seinen Siegeszug um die Welt. Bis heute produziert der Familienbetrieb am selben Ort nach demselben traditionellen Verfahren mit einer der kleinsten Brennblasen aller schottischen Brennereien.

Über den Dächern von Dufftown schwebt ein leichter Alkoholgeruch in der Luft: *angel's share*, der Engelsanteil, den die Eichenfässer in den Jahren ausatmen, in denen der Whisky zur vollen Entfaltung reift. Mehr als 20 Prozent werden es sein, die so auf Dauer verduften, während die Fässer gleichzeitig die Aromen der Umgebung aufnehmen. Den Duft der Wiesen und Heidemoore, die würzige Luft in den Bergen und den Geruch, der vom Meer herüberweht. Alles Weitere für den unverwechselbaren Geschmack hängt von der Kunst der Brennmeister ab und ihrem Geheimnis, in welchem Verhältnis sie Gerste, Wasser und Torfrauch mischen.

Das Herstellungsverfahren ist äußerst arbeitsintensiv, keine Maschine kann bisher die traditionellen Handgriffe ersetzen. Allein schon das Mälzen der Gerste erfordert einen über Jahre geübten Blick. Nachdem sie zunächst zwei bis drei Tage in Wasserkesseln gequollen ist, breitet man sie in einer etwa zehn Zentimeter hohen Schicht auf riesigen Malztennen aus, wo sie die nächsten fünf bis neun Tage keimen muss; und damit die Keimlinge währenddessen nicht an ihren eigenen Stoffwechselprozessen zugrunde gehen, heißt es, sie so lang beständig zu wenden, zu befeuchten und abermals umzuwälzen. An einem bestimmten Punkt wird die Keimung dann unterbrochen und die nun gemälzte Gerste auf den mit vielen kleinen Löchern versehenen Darren dicht unter den Pagodendächern zum Dörren gebracht. Hierfür werden eine Etage tiefer in riesigen Öfen Feuer aus Koks und Torf entfacht in einer Mischung, die nur der Dörrmeister kennt. Denn bereits hier entscheidet sich, ob der Whisky als Endprodukt mehr oder weniger torfig schmeckt.

Anschließend gönnt man dem Malz ein paar Tage Ruhe, bevor es gemahlen und sein Mehl dann mit viel heißem Wasser zum schäumenden, blubbernden weißen Brei gemaischt wird. Dreimal verläuft dieser Prozess mit jeweils unterschiedlicher Temperatur, damit die Enzymaktivität der Maische gezielt gesteuert werden kann. Am Ende der Filtration hat sich die Stärke in Malzzucker verwandelt und bildet die wort, die Würze, die darauf unter Zusatz von Hefe drei, vier Tage lang in Gärbottichen zu Rohalkohol fermentiert. Ist dieser Prozess abgeschlossen, gelangt das Produkt für die Destillation in die kupfernen Brennblasen (*pot stills*), die zu diesem Zweck stark erhitzt werden – und überall auf der Welt kommt aus ihnen danach Whiskey heraus.

Nur nicht in Schottland, das nicht nur auf das »e« in der Artikelbezeichnung verzichtet, sondern den Brand darüber hinaus zweifach verflüssigt und reinigt. Die erste Destillation, der Rohbrand, wird in Schottland einfach *low wines* genannt. Erst bei der zweiten Destillation, die in der zollamtlich verschlossenen *spirit still* durchgeführt wird, entsteht der schottische Feinbrand. Und genau dort ist das Können des Brennmeisters gefragt, der bei der Zugabe von Wasser über Vor-, Mittel- und Nachlauf wacht und dabei den Mittellauf möglichst präzise von den beiden anderen Läufen zu trennen hat. Denn genau zwischen dem Ende des Vorlaufs und dem Anfang des Nachlaufs breitet sich das Spektrum der besten Scotch Whiskies aus. Zunächst in Form von farblosen Rachenputzern zwischen 63 und 70 Prozent, die anschließend noch einmal mindestens drei, meist aber zwölf Jahre in Eichenfässern ausreifen müssen.

Wie lange der kommende Whisky in den *warehouses* lagert, hängt letztendlich von den unterschiedlichsten Marktentscheidungen der Produzenten ab. Dazu zählt bereits die Auswahl der Fässer, die, da schottische Eiche nie ausreichend zur Verfügung stand, traditionell aus Recycling-Ware von spanischem Sherry, American Whiskey oder in jüngerer Zeit auch französischem Cognac besteht. Je nach der Vornutzung der Fässer wird der Scotch Whisky dann seine Farbe bekommen. Bei Sherry eher dunkel, bernsteinfarben bei American-Bourbon-Fässern und irgendwo zwischendrin bei Cognac.

Auch die Alkoholgrade der gelagerten Fässer unterscheiden sich stark. Je nach Alter und Aromen im Lagerhaus und rund um es herum können sie zwischen 30 und weit über 60 Prozent liegen. So kommt es zum bekömmlichen Schluss noch auf die Abfüllung an, die den Fassinhalt mit Wasser auf den gewünschten Alkoholgehalt reduziert und ihn mit einer letzten Filtration außerdem von den Schwebstoffen befreit. Wer hätte gedacht, dass der *wee dram*, der sprichwörtliche kleine Schluck, der im Scots-Dialekt für ein Gläschen mit Whisky steht, so viele Jahre Arbeit macht?

oben und Mitte *Leere Fässer vor dem Whisky-Lagerhaus – hinter den gut vergitterten Fenstern liegen die vollen Fässer*
unten *Hier wird das schottische Lebenswasser gebrannt*

8000 JAHRE SCHOTTISCHE MENSCHHEITS-GESCHICHTE

Viele Könige starben keines natürlichen Todes

links *Callanish Standing Stones auf Lewis – ein Steinkreiskomplex, der mindestens so beeindruckend ist wie Stonehenge. Die immer noch geheimnisvolle Megalithkultstätte wurde wohl ab 3000 bis 1500 v. Chr. angelegt und ausgebaut (s. auch S. 170)*
unten *4500 Jahre alt: Ring of Brodgar, einst 60, heute noch 36 Menhire auf Orkney-Mainland*

Die Besiedlung von Schottland beginnt vergleichsweise spät. So hoch oben im europäischen Norden geben die mächtigen Gletscher der jüngsten Eiszeit die schottischen Berge und Täler, Flüsse und Fjorde nicht früher als 8000 Jahre vor unserer Zeitrechnung frei. Weitere 2000 Jahre dauert es dann, bis erstmals Steinzeitjäger die Fisch- und Jagdgründe durchstreifen, und noch einmal 2000 Jahre, bis sich Ackerbauern und Viehzüchter ansiedeln. Sie hinterlassen der Nachwelt als bedeutendsten Fund aus dem dritten Jahrtausend v. Chr. die Ruinen der Steinzeitsiedlung Skara Brae auf den Shetlandinseln, das besterhaltene prähistorische Dorf Nordeuropas. In jener fernen Zeit entstehen außerdem erste Kammer- und Großgräber, und rätselhafte Steinkreise werden errichtet, deren Bedeutung bis heute noch nicht entschlüsselt ist. Dienten sie religiösen oder astronomischen Zwecken? Handelte es sich um Versammlungsplätze, Opferplätze, Gebetsplätze? Die Wissenschaft weiß es nicht. Ihre Antworten bleiben spekulativ.

Gewiss ist dagegen, dass nach 1000 v. Chr. als neues Material Bronze aufkommt und ab 600 v. Chr. schließlich Eisen. Letzteres bringen vermutlich keltische Einwanderer mit, um daraus ihre Werkzeuge und Waffen zu schmieden, die sie nun nicht mehr nur für die Jagd, sondern auch zum Kampf der kriegerischen Stämme gegeneinander einsetzen. Weit

links *Die vor etwa 5100 Jahren gegründete Siedlung von Skara Brae (Orkney-Mainland) war bis 1850 vom Sand verschüttet, ehe sie von einem Sturm freigelegt wurde*
rechts *Der Broch (Trutzturm) von Dun Carloway – vor wohl 2200 Jahren vom keltischen Stamm der Pikten errichtet. Isle of Lewis, Äußere Hebriden*

verstreut über das Land entstehen in Höhenlagen wehrhafte Hügelfestungen, *duns* genannt, und zum Schutz gegen die sich häufenden Überfälle ab 200 v. Chr. ferner *brochs*: doppelwandige Trutztürme mit einem einzigen Zugang und nur vom Innenhof her betretbaren Zellen. Düstere Zeugen jener unwirtlichen, gefahrvollen Zeit am Nordrand Europas, über die es sonst kaum eine Aufzeichnung gibt – während im Zentrum der damals zivilisierten Welt mit Rom gerade eine neue Großmacht entsteht.
Im Jahr 43 nach Christi Geburt legen die ersten Legionäre an der englischen Südküste an, bereits im Jahr 84 ist das gesamte Land südlich des River Tweed niedergeworfen und als Provinz Britannia in das Römische Reich eingegliedert. Noch im selben Jahr stoßen die Truppen weiter nach Schottland vor – und werden in der Schlacht am Mons Graupius vom zum ersten Mal vereinten Heer aller nördlichen Stämme besiegt. Der legendäre Kriegsschauplatz am Mons Graupius konnte bisher zwar noch nirgends lokalisiert werden. Doch folgt man den Schriften des Ptolemäus, muss sich das Schlachtfeld an der schottischen Nordküste befunden haben. Der Mathematiker und Geograf Ptolemäus ist es auch, der mit seiner Schottland-Karte im zweiten Jahrhundert nach Christus die Namen der dort lebenden Stämme einer breiten mediterranen Öffentlichkeit vorstellt: Briganti, Caledoni und andere mehr, weshalb die Römer der Einfachheit halber gleich alle Barbaren im nordwestlichsten Winkel ihres Imperiums nach einem großen keltischen Stamm mit derselben Bezeichnung bele-

gen: Die dort lebenden Menschen sind für sie »Caledonier«, und Schottland heißt »Caledonia«.

VON DEN BEMALTEN (PICTI) UND DEN NAMENGEBENDEN SKOTEN

Kurze Zeit vorher erst hatte der römische Historiker Tacitus den bemalten und schwer bewaffneten nördlichen Kriegern den Namen *Picti* (Bemalte) gegeben. Wenig später veranlasst der Kaiser von Rom, Hadrian, gegen die ständigen Überfälle der »Caledonier und anderer Pikten« den Bau des nach ihm benannten Befestigungswerks. Vom Solway zum Tyne wird ab 122 n. Chr. der mit Wachtürmen, Forts und Kastellen bewehrte Hadrianswall aufgerichtet.

Tantallon Castle, erbaut im 14. Jh., eine der imposantesten Burgruinen in Schottland (Lothian)

Ihm folgt kaum zwanzig Jahre danach und um weitere 160 Kilometer nach Norden verschoben der Antoninuswall. Von der Firth-Mündung bei Edinburg bis zum Clyde-Fjord bei Glasgow reicht diese nördlichste Verteidigungsanlage des Imperiums, die von den Römern jedoch nicht länger als bis 184 n. Chr. gehalten werden kann. Unter den massiven Angriffen der Pikten im Norden, der Skoten im Westen sowie im Süden der Britonen, Angeln und Sachsen ziehen die letzten Legionäre im Jahr 410 aus Britannien ab.
Woher die Pikten ursprünglich stammen, darüber ist wenig bekannt. Der Name zumindest geht laut Tacitus auf die piktische Sitte zurück, sich die Haut mit blauer Farbe zu tätowieren – oder auf die langen Spieße, die typische Waffe der Pikten, die man im

keltischen Idiom als *pic-doine* nannte. Mit großer Wahrscheinlichkeit kann indes davon ausgegangen werden, dass die piktischen Stämme einst vom bretonischen keltischen Festland aus in die neue Heimat aufbrachen. 297 werden sie das erste Mal in einer Urkunde erwähnt, im achten Jahrhundert hat das Piktenreich nördlich des Firth of Forth seine größte Ausdehnung erreicht.

Insgesamt vier große Königreiche entstehen nach dem Abzug der Römer auf schottischem Boden. Im Süden die Reiche der romanisierten Britonen und germanischen Angelsachsen, im Norden das piktische Alba und an der Südwestküste das Königreich Dalriada, das Ende des vierten Jahrhunderts von Irland her einwandernde, gälische Kelten begründen: die Skoten, die dem Land später den Namen Scotia schenken. Ebenfalls Ende des vierten Jahrhunderts beginnt unter St. Ninian, Sohn eines bekehrten britonischen Stammesfürsten, die Missionsarbeit, und das 398 von ihm gegründete Kloster von Withorn steigt rasch zum Mittelpunkt des gestrengen keltischen Mönchtums auf.

Zur eigentlichen Wiege des schottischen Christentums aber wird das Hebriden-Inselchen Iona, wo 563 der Ire St. Columban mit zwölf Getreuen anlandet und die Abtei Iona aufbaut. Von Iona aus erwächst die Strahlkraft des neuen Glaubens, bereits wenige Jahrzehnte später ist gesamt Schottland christianisiert. Und möchte man Columbas Biograf, Abt Adamnan, Glauben schenken, geht sogar die erste schreckenerregende Sichtung von »Nessie« auf den irischen Heiligen zurück. Mit einem Gebet, steht geschrieben, schlug er das Ungeheuer von Loch Ness in die Flucht.

Die echten Kämpfe ereignen sich auf der Vielvölkerinsel derweil zwischen den verschiedenen Königreichen, vor allem zwischen den rivalisierenden Pikten und Skoten. Politische Ränkespiele und Waffengänge, aber auch Bündnisse und sogar Heiratsallianzen prägen die wechselhaften Jahrhunderte seit dem Abzug der Römer. Mit den Überfällen der Skandinavier ab Ende des achten Jahrhunderts beginnt überdies die Wikingerzeit. Plündernd und brandschatzend suchen sie die küstennahen Regionen heim. Als schließlich der letzte piktische König bei einem Wikingerraubzug sein Leben verliert, nutzt der Skote Kenneth MacAlpin die Gunst der Stunde und erobert das führungslos trudelnde Land. Anschließend verlegt er seinen Hof in das heilige alte Zentrum der Pikten nach Scone, keine vier Kilometer nördlich vom heutigen Perth, wo fortan bis Ende des 13. Jahrhunderts nahezu alle schottischen Könige die Krone empfangen werden.

Mit dem Siegeszug gegen die Pikten zeichnen sich unter Kenneth MacAlpin die ersten Konturen des Königreichs Scotia ab. 1018 wurde noch das angelsächsische Reich Lothian kriegerisch einverleibt und 1034 das bretonische Strathclyde von der Verwandtschaft geerbt, so ist Schottland bereits mit Anbruch des zweiten Jahrtausends annähernd in seinen heutigen Grenzen geeint.

STONE OF SCONE – UNGLÜCKSSTEIN DER SCHOTTISCHEN HERRSCHER

Im Jahr 843 besteigt Kenneth MacAlpin in Scone als erster König von Schottland einen gut drei Zentner schweren, schmucklosen Sandsteinblock: den sagenumwobenen Krönungsstein Stone of Scone. Der mythische Ahnherr aller Schotten, der Griechenprinz Gael, soll ihn zusammen mit seiner vom biblischen Noah abstammenden Ehefrau Scota, Tochter eines ägyptischen Pharaos, ins Land gebracht haben. Einen magischen Stein, auf dem der Legende nach bereits das Haupt Johannes des Täufers ruhte. Doch beschert dieser »Schicksalsstein« den schottischen Herrschern kein Glück. Machtstreben, Stolz und Verblendung lauten die menschlichen Abgründe, wie sie später William Shakespeare in *Macbeth* auf die Bühne stellt und so die kriegerische Auseinandersetzung um die MacAlpin-Nachfolge unsterblich macht. Dass König Duncan I. (an der Macht 1034–1040) dabei nicht, wie von Shakespeare dramatisiert, im Schlaf ermordet wird, sondern 1040 im Kampfgetümmel den tödlichen Waffen Macbeths (in voller Länge: Mac Bethad mac Findlàich) erliegt, sei der Verneigung des Dichters vor der tragischen Muse gezollt.

Als letzter keltischer Herrscher von Schottland wird König Macbeth 1057 von Duncans Sohn Malcolm besiegt, der daraufhin Platz auf dem Krönungsstein nimmt. Angelsächsisch erzogen und den Sitten der südlichen Nachbarn zugeneigt, läutet Malcolm III. »Canmore« (1058–1093) eine entscheidende Wende in der schottischen Geschichte ein: Er lässt Scharen vornehmer angelsächsischer Flüchtlinge ins Land, die nach der verlorenen Schicksalsschlacht im Jahr 1066 gegen die Normannen unter William dem Eroberer allesamt ihre Stellung und ihre Güter einbüßten.

Mit dem Flüchtlingsstrom gelangt 1068 auch die Schwester des letzten angelsächsischen Thronfolgers, Prinzessin Margaret, nach Schottland. Engelsgleich schön soll sie gewesen sein und von solch religiöser Inbrunst beseelt, dass sie als »heilige Margaret von Schottland« in die Kirchengeschichte einging. 1070 vermählen sich Margaret und Malcolm III., und unter dem Einfluss der angelsächsischen Königin halten zahlreiche Neuerungen Einzug im Land. Verwaltung und Rechtsprechung, Kloster- und Burgenbau werden am Vorbild der südlichen Nachbarn ausgerichtet, die Lowlands nach dem anglonormannischen Lehnsprinzip umstrukturiert, das Gälische als Sprache zurückgedrängt und der keltische Klerus zugunsten der römisch-katholischen Kirche entmachtet.

Handel, Handwerk und schöne Künste gedeihen, und Friede waltet im Tiefland. Während das Hochland nach wie vor anderen Regeln folgt. In den schottischen Highlands herrschen die keltischen Clans mit ihrer eigenen, gälischen Sprache und ihren eigenen, uralten Sitten. Sie werden im Lauf der Jahrhunderte zu den erbittertsten Gegnern einer an England orientierten Anpassungspolitik, wie sie unter dem Königspaar Margaret und Malcolm erstmals Gestalt annimmt.

Nach Malcolms Tod 1093 erschüttern bürgerkriegsähnliche Zustände das Land. Der gälischsprachige keltische Norden rebelliert gegen den anglonormannischen Süden, in rascher Folge wechseln die Könige auf dem schottischen Thron. Eine kurze Periode des Friedens beschert nur Malcolms jüngster Sohn David I., der den Stone of Scone im Jahr 1124 besteigt und das Reformwerk seiner Eltern fortsetzt. Als Stützpunkte seiner königlichen Macht lässt er Burgen und zahlreiche neue Klöster errichten und dehnt die Feudalordnung weiter nach Norden aus. Die Anglisierung schreitet voran: Anglonormannische Vornehme wie die Bruces, Stewarts und Montgomerys werden mit Ländereien belehnt.

1290 erlischt schließlich die Dynastie, die mehr als 200 Jahre zuvor Margaret und Malcolm begründet hatten. Schottland verfügt nun über keinen legiti-

Nordseestimmung mit dem Dunnottar Castle (14. Jh.) bei Stonehaven nahe Aberdeen

men Thronerben mehr, und abermals brechen turbulente Auseinandersetzungen aus. Sie münden 1296 in die Eroberung Schottlands durch England unter den Truppen Edwards I. – und die Spur der Verwüstung, die sie dort hinterlassen, trägt dem englischen König den Beinamen »Hammer der Schotten« ein. Das Kingdom of Scotia muss kapitulieren und Edward als Overlord (Oberherrscher) anerkennen. Und schlimmer noch: Zum Zeichen seines allgewaltigen Herrschaftsanspruchs lässt Edward I. den symbolträchtigen Stone of Scone nach London abtransportieren und in Westminster unter dem Krönungsthron einbauen.

Auf den Tag genau 700 Jahre lang verbleibt er dort unter der Sitzfläche ganzer Dynastien von englischen Majestäten und kehrt erst 1996 nach Schottland zurück. Mit der verheerenden Niederlage 1296 scheint das schwärzeste Jahr in der schottischen Geschichte erreicht. Nur ein mächtiger Partner zur Seite kann das gedemütigte Königreich noch retten. Also schließt Schottland mit Frankreich ein Bündnis gegen den gemeinsamen, englischen Feind. – Und diese *Auld Alliance*, wie sie später genannt wird, wird für die Schotten noch mehrmals von schicksalhafter Bedeutung sein.

FREIHEITSKÄMPFER BRAVEHEART UND ANDERE HELDEN

Schottland Ende des 13. Jahrhunderts. Unter Edward I. waltet ein brutales Regime in dem Land, in das William Wallace nach langen Reisen zurückkehrt, um ein ruhiges Leben als Farmer zu führen. Als englische Soldaten dann seine Frau töten, erklärt der vom glühenden Freiheitswillen beflügelte Haudegen den Besatzern den Krieg. Mehr und mehr Menschen schließen sich William Wallace an, um für ein unabhängiges Schottland ins Feld zu ziehen ...

So macht der Hollywoodstar Mel Gibson in seinem Historienepos *Braveheart* die Ereignisse rund um die schottischen Unabhängigkeitskriege weltweit bekannt. Und nicht nur im Kino, auch in der Wirklichkeit steigt der mutige Wallace, ein Mann von niederem Stand, zum gefeierten ersten Nationalhelden auf. Während der schottische Hochadel, der zugleich Lehen in England trägt, ohne Umschweife die Herrschaft King Edwards anerkennt, erheben sich die breiteren Volksschichten unter den Lairds, den kleineren Gutsbesitzern, die Braveheart William Wallace anführt. In der Schlacht bei Stirling 1297 gelingt ihm gegen die zahlenmäßig weit überlegenen englischen Truppen ein sensationeller Erfolg. Doch schon ein Jahr später wird Wallace bei Falkirk besiegt – und 1305 in einem grausigen Spektakel in London öffentlich hingerichtet. Der schottische Unabhängigkeitskampf hat seinen ersten Märtyrer gezeitigt.

Schwere Zeiten stehen ins Land. Denn der Freiheitswille der Schotten ist noch längst nicht gebrochen und wird mit der Krönung von Robert the Bruce gleich auf die nächste militärische Probe gestellt. Nach dem Mord an einem Mitbewerber um den schottischen Thron lässt sich Robert I. 1306 in Scone zum König ausrufen. 1307 beginnt sein erfolgreicher Rückeroberungszug, acht Jahre später hat er in der glorreichen Schlacht bei Bannockburn das englische Heer besiegt. Und was für ein Sieg! Zum ersten Mal in der schottischen Geschichte kann König Robert auch die Mehrheit der unbeugsamen Highland-Clans hinter sich sammeln. Diese einem uralten keltischen Stammessystem verhafteten, ständig wechselnde Bündnisse eingehenden, Dudelsack spielenden, stolz ihre Röcke tragenden Hochlandbewohner kämpfen plötzlich Seite an Seite mit den Tiefländern für eine gemeinsame Sache. *Ah! fredome is a noble thing!*, besingt später John Barbour den König in seiner Verschronik The Bruce. Mit den Erfolgen Roberts I. gegen die Engländer entsteht das schottische Nationalbewusstsein.

Um in Zukunft jede weitere äußere Einmischung zu unterbinden und der Souveränität Schottlands entschieden Nachdruck zu verleihen, treten 1320 in der Abtei von Arbroath die Notablen des ganzen Landes zusammen. Im geschliffenen Latein verfassen sie in den Klostermauern eine Note an Papst Johannes XXII., in der sie sich zu Robert I. als ihrem König bekennen, im selben Atemzug aber auch die Autonomie der schottischen Aristokratie gegenüber ihrem Herrscher klarstellen. Der Grundstein für einen Jahrhunderte währenden Dauerzwist zwischen Adel und König ist damit gelegt. 1324 akzeptiert der römische Pontifex die »Deklaration von Arbroath«. 1328 wird die Unabhängigkeit Schottlands auch durch den englischen König bestätigt. Und Robert the Bruce geht als größter schottischer Freiheitsheld in die Geschichte ein.

STEWART/STUART – ERST SENESCHALLE, DANN KÖNIGSDYNASTIE

Das erbliche Amt des High Steward of Scotland, Großhofmeister am schottischen Königshof, stellt seit Ende des 12. Jahrhunderts die anglonor-

mannische Familie Stewart. Ihren Nachnamen Stewart (Seneschall) leiten sie von der erlauchten höfischen Tätigkeit ab, die ihnen landesweit außerordentliches Ansehen einträgt. So unzweifelhaft ist ihr Renommee, dass König Robert I. die Hand seiner Tochter Mary vertrauensvoll in die seines amtierenden High Steward legt. Mit deren gemeinsamem Sprössling, Robert II., betritt 1371 der erste Stewart-Monarch die politische Bühne. Fast dreieinhalb Jahrhunderte lang wird dieses Königsgeschlecht Schottlands Geschicke durch stürmische Fahrwasser lenken. Der schwarze Tod zieht durchs Land, Wirtschaftskrisen und brachliegende Felder prägen das

Burg Kilchurn (sprich Killhern), Erstbau ab 1440, ausgebaut 1550, in der Region Argyll & Bute

Bild am Ausklang des schottischen Mittelalters. Wegen der Kämpfe gegen die mächtigen Fürsten der Lowlands, gegen die Clan-Chiefs der Highlands und die nicht minder einflussreichen Lords of the Isles oder auch aufgrund tückischer Hofintrigen stirbt kaum ein Stewart-Regent einen natürlichen Tod.
Erst mit der Krönung von James IV. Stewart 1488 wendet sich endlich das Blatt. Sie wird zum Auftakt der schottischen Renaissance, der Wiedergeburt des Königreichs im Geist von Humanismus und Wissenschaft. Der populäre King James liebt leidenschaft-

lich das schöne Geschlecht, die Musik und die Dichtung. Als Mäzen fördert er Künste und Literatur und zeigt sich auch sonst nicht als Kind von Traurigkeit. Ein Bilderbuch-Renaissancekönig, aufbrausend, lendenstark, dessen Mätressen und Scharen von illegitimen Sprösslingen gar nicht zu zählen sind.

Außenpolitisch besiegelt er den Frieden mit England durch seine Vermählung mit Margaret Tudor, einer Schwester Henry VIII., jenes berühmt-berüchtigten Königs von England und Irland, der dank seiner speziellen Methode der Ehefrauenentsorgung zum Vorbild aller Blaubärte wird. Was also mögen wohl morsche Ehebande auf Dauer zusammenhalten? Als 1511 der englische König der Heiligen Liga gegen Frankreich beitritt, kommt es infolge der schottisch-französischen Auld Alliance zwischen England und Schottland zum Krieg. In der Schlacht von Flodden 1513 verlieren Tausende schottische Soldaten, ein Großteil der Führungselite des Landes und James IV. selbst das Leben. *The Flowers of the Forest are a' wede away*, heißt es im melancholischen Abgesang auf die kurze Blütezeit Schottlands, den im 18. Jahrhundert John Elliot nach einer älteren Weise verfasste.

Das kleine Königreich hoch oben im Norden, am äußeren Rand der damals geläufigen Landkarten verzeichnet, hinter dem die Schiffe bekanntlich von der Erdscheibe stürzen, wird mehr und mehr zum Spielball der Weltpolitik. Soeben erst hatte Kolumbus Amerika entdeckt, womit Spanien zur Großmacht aufsteigt, wenig später schlägt Martin Luther in Wittenberg seine 95 Thesen an die Kirchentür – und löst die Wirren der Reformationszeit aus. 1536 vollzieht sich in England der Bruch mit dem Papst und Henry VIII. proklamiert sich zum Oberhaupt

Ruinen des Earl's Palace (1580) in Birsay, Orkney-Mainland

einer neuen anglikanischen Staatskirche. Glaubensangelegenheiten und Großmachtinteressen verflechten sich zusehends.

Und während England den Reformationskräften vergleichsweise offen gegenübersteht, bindet sich Schottland unter dem glühenden Katholiken James V. (an der Macht 1513–1542) enger an Frankreich. 1538 heiratet James die verwitwete Französin Marie de Guise, 1542 zieht er gegen seinen Onkel Henry VIII. in den Krieg. Und einmal mehr müssen die schottischen Streitkräfte gegen England die Waffen strekken. Keine drei Wochen nach der vernichtenden Niederlage bei Solway Moss erliegt James V. seinen Verletzungen und hinterlässt eine Frau, die nun zum zweiten Mal Witwe ist, sowie ihr gerade sechs Tage altes Kind, Mary Stewart.

GRAUSIGE BRAUTWERBUNG UM EINE NEUN MONATE ALTE KÖNIGIN

Als sie am 8. Dezember 1542 in Linlithgow Castle nahe bei Edinburg das Licht der Welt erblickt, scheint Mary der Kummer bereits in die Wiege gelegt. *Mein Unglück sollt' euch heilig sein, mein Leiden / Wenn es mein königliches Haupt nicht ist,* verdichtet Schiller ihr Schicksal in Maria Stuart zum tragischen Stoff. Nur neun Monate nach ihrer Geburt wird sie zur schottischen Königin gekrönt, und eine der grausigsten Brautwerbungen in der europäischen Geschichte beginnt. Im *War of the Rough Wooing* (Krieg des rauen Werbens) versucht Henry VIII., die Ehe des Säuglings mit seinen Sohn zu erzwingen

links *Das Braemar Castle, erbaut ab 1628 als königliches Jagdschloss und als Bollwerk gegen England. 1689 erobert und abgebrannt, 1748 in seiner heutigen Form wiederaufgebaut, zeitweise Residenz von Königin Viktoria*
oben *Die Alte Brücke von Carr in Carrbridge, Highlands, 1717 über den River Dulnain erbaut*

und somit Schottland der englischen Krone einzuverleiben. *Put all to fyre and sword*, lautet der Schlachtruf des Königs gegen seine eigene Großnichte.
1548 wird Mary nach Frankreich in Sicherheit gebracht, wo sie zehn Jahre später den französischen Thronfolger heiratet. Das Ehe-Arrangement ist dabei an die Bedingung geknüpft, sowohl Schottland als auch den Anspruch auf den englischen Thron an Paris abzutreten, sollte Mary ohne männlichen Nachkommen sterben; während die blutjunge Königin wiederum auf die französische Hilfe setzt, um im fernen Heimatland ihre Krone wie auch den rechten, katholischen Glauben zu retten.
Doch die Hoffnungen erfüllen sich nicht. Im Hochzeitsjahr Marys – die sich fortan Maria Stuart nennt, da das französische Alphabet den Buchstaben W nicht kennt – gehen 1558 in England Zepter und Reichsapfel an Elizabeth I. über, Tochter Henrys VIII. mit Anna Boleyn, Marias Cousine und zugleich erbittertste Konkurrentin. Teilen doch beide Frauen einen gemeinsamen Urgroßvater und sind somit beide legitime Thronfolgerinnen: Hier die reizlose, nüchterne *Virgin* Queen Elizabeth, die der französische Hof unmittelbar nach ihrer Krönung zum Bastard und damit zur unrechtmäßigen Erbin Englands erklärt. Dort die attraktive, politisch unbedarfte Maria Stuart, Königin ohne Land.

Ihr erwächst ein weiterer mächtiger Gegner mit dem Spiritus Rector der schottischen Reformation, John Knox, Schüler Calvins in Genf, Übersetzer der Bibel ins Englische und Verfasser des Traktats *The First Blast of the Trumpet Against the Monstrous Regiment of Women*. 1559 schließt sich der kompromisslose Prediger dem *Convenant* an, einem zwei Jahre vorher in Schottland gegründeten Religionsbündnis protestantischer Adeliger. Es kommt zum Bildersturm, Kirchen und Klöster werden geplündert und Altäre zerstört. Im August 1560 schließlich verabschiedet das schottische Reformationsparlament die *Confessio Scotica*, zu der Knox wesentlich beiträgt. Mit ihr wird die päpstliche Gerichtsbarkeit abgeschafft, der katholische Klerus entmachtet und der katholische Kultus verboten. Von Edinburg aus treibt John Knox fortan den Aufbau der calvinistisch-presbyterianischen Church of Scotland voran: im Sinne Calvins asketisch, züchtig und arbeitsam, allein Jesus Christus und der Heiligen Schrift verpflichtet. Unhierarchisch und selbstverwaltet, mit dem Presbyter als einzigem Geistlichen und den Gemeindeältesten als Vorstehern.

Zwischenzeitlich ist in Frankreich Maria Stuarts Gemahl noch in jungen Jahren verschieden, und die Königin kehrt 1561 in ihre Heimat zurück. Eine Fremde im eigenen Land, das sich im Zuge der Reformation gänzlich gewandelt hat. Der Protestantismus

links *Gut getarnt ist Ossian's Hall beim Black-Linn-Fall im Schutzgebiet Hermitage in den Grampians (bei Dunkeld)*
oben *Der Landschaftsfarbe angepasst ist das Amhuinnsuidhe Castle, 1867 erbaut an der Südküste von Harris, Äußere Hebriden*

ist zum entscheidenden politischen Faktor geworden. Und hätte sich die Katholikin Maria nicht in folgenschwere Liebeshändel verstrickt, wäre Schottlands Geschichte dann womöglich anders verlaufen? 1565 heiratet sie ihren Vetter Henry Stewart, Lord Darnley. 1566 kommt ihr gemeinsamer Sohn James im Edinburgh Castle zur Welt.

Anfang 1567 fliegt das Haus, in dem sich Lord Darnley während einer Krankheit aufhält, bei einer Schießpulverexplosion in die Luft. Man munkelt, Marias neuer Geliebter, James Hepburn, Earl of Bothwell, stecke hinter dem Attentat. Und als sich die Stuart und Bothwell nur wenige Wochen später das Jawort geben, schlägt die Stunde der Opposition. Selbst ihre treuesten Anhänger kehren der Königin angesichts dieser Pietätlosigkeit nun den Rücken zu, und der mächtige calvinistische Adel erzwingt ihren Verzicht auf den Thron. Noch 1567 unterzeichnete Maria die Abdankungsurkunde zugunsten von Baby James Stuart, den man darauf zu James VI. von Schottland krönt.

Nach einem letzten gescheiterten Versuch, das Rad der Geschichte noch einmal zurückzudrehen, flieht die unglückliche Exkönigin nach England unter den

links und rechts *Balmoral in den Grampian Mountains ist die schottische Sommerresidenz der britischen Monarchen, im 19. Jh. nach Plänen von Königin Viktorias deutschem Gemahl Albert 1853–56 an der Stelle eines älteren Schlosses erbaut*

Schutzschild Elizabeths I. – die ihre gefährlichste Rivalin jedoch unverzüglich verhaften lässt. So wird die vermeintliche Zuflucht für Maria Stuart zum Gefängnis, in dem sie die restlichen achtzehn Jahre ihres Lebens verbringt. Einer Verschwörung gegen die englische Krone bezichtigt und schuldig gesprochen, wird sie 1587 auf Schloss Fotheringhay hingerichtet.

KRONENVEREINIGUNG – BÜRGERKRIEG – REPUBLIK

Nach fast einem halben Jahrhundert Regentschaft entschlummert in London die große Queen Elizabeth I. ohne Nachkommen. Noch im Todesjahr 1603 folgt ihr als nächster Verwandter Maria Stuarts Sohn James auf dem Thron. Was seit der blutigen Brautwerbung 1444 das Schwert nicht vermochte, hat sich nun dynastisch vollzogen. In Personalunion sind unter James I. die englische und die schottische Krone vereint. Über den Palastdächern flattert fort-

Bei Clashnessie nahe Lochinver in den nordöstlichen Highlands

an der Union Jack, der aus der Verschmelzung des englischen Georgs- mit dem schottischen Andreaskreuz entsteht. Infolge der *Union of the Crowns* herrschen nun die Stewarts über die britische Inselwelt. Unheilschwere Jahrzehnte brechen mit ihnen ins Land. Vom Gottgnadentum ihres Königwesens überzeugt, ohne Verstand für Funktion und Bedeutung des englischen Parlaments, beschwören James I. und nach ihm sein Stammhalter Charles I. (1625–1649) in völliger Verkennung der Zeichen der Zeit verhängnisvolle Ereignisse herauf. Die Verhaftung zahlreicher missliebiger Oppositioneller, die Missachtung des Parlaments und der Rechtsprechung und den Druck auf die radikalprotestantischen Puritaner, von denen Scharen von Pilgervätern in die Überseekolonien auswandern, mag nun niemand mehr nur dem stuartschen Unglückstern anlasten. Charles' I. Unternehmen, die bischöflich verfasste anglikanische Kirchenordnung auch in Schottland durchzusetzen, folgt dort der Aufstand des National Convenant – des 1638 geschlossenen Bündnisses zur Wahrung der reformierten schottischen Kirche: Denn niemals würden die presbyterianisch organisierten Sprengel einen Bischof über sich akzeptieren, von einem König als geistlichem Oberhaupt gar nicht zu reden! Charles' Versuch, in London das Parlament zu entmachten, provoziert endgültig die Rebellion.

Ab 1642 herrscht Bürgerkrieg. Englische Parlamentstruppen unter ihrem Anführer Oliver Cromwell ziehen zusammen mit schottischen Reformierten gegen die Königsgetreuen ins Feld, während gleichzeitig eine Highlander-Armee von Stuart-Anhängern Schottland in Schutt und Asche legt. Kurz, es besteht heilloser Wirrwarr zwischen den Fronten, bis Cromwells Truppen die Roylisten schließlich besiegen. Nach der Hinrichtung des Königs Anfang 1649 wird die Monarchie abgeschafft. Großbritannien unter Oliver Cromwell, Lord Protector of the Commonwealth of England, Scotland and Ireland, wird Republik.

Indes bleibt es beim republikanischen Zwischenspiel. Auf den Tod Cromwells 1660 folgt unverzüglich die Wiedereinsetzung der Stuarts. Die religiös motivierten Tumulte verschärfen sich zusehends und gipfeln in den 1680er-Jahren in Schottland in eine Zeit furchtbarer Blutbäder gegen die presbyterianerischen Glaubensanhänger. *Killing Times*, Jahre des Tötens, werden sie später genannt. Der Vorstoß des Katholiken James II. Stuart (1685–1688) schließlich, sowohl die unumschränkte Königsgewalt als auch die römische Papstkirche neu zu errichten, führt 1688 geradewegs in die *Glorious Revolution*. Ohne einen einzigen Schwertstreich wird der König unblutig abgesetzt und flieht, wie vor ihm schon so viele in seiner Familie, ins französische Exil. Das Londoner Parlament ruft daraufhin den niederländischen Prinz Wilhelm von Oranien ins Land. Zusammen mit seiner Frau Mary, Tochter des abservierten James II., nimmt das Ehepaar als King William III. und Queen Mary die Kronwürde an.

Diese ist jetzt allerdings nicht mehr umsonst zu haben. Im Gegenzug für den Thron sichert William III. dem Parlament in der *Bill of Rights* fundamentale Rechte zu. Künftig wird kein Herrscher mehr ohne Zustimmung der Parlamentarier Steuern erheben oder ein stehendes Heer unterhalten, und darüber hinaus muss der Monarch den Volksvertretern Immunität, Wahl- und Redefreiheit gewähren. Die Geburtsstunde der parlamentarischen Demokratie. 1689 folgt in der Toleranzakte das Recht der englischen Puritaner auf einen eigenen Gottesdienst, 1701 wird im *Act of Settlement* der katholische Stuart-Zweig von der Thronfolge ausgeschlossen; und sollten die protestantischen Stuarts ohne legitime Nachkommen bleiben, würde die Krone an das über verwickelte Nebenlinien verwandte, protestantische Haus Hannover übergehen.

DAS MASSAKER AN DEN MACDONALDS

Nun mag man sich vorstellen, wie viele Aufstände und Kämpfe die Stuart-Anhänger in der Folgezeit gegen den Oranier William anzetteln. Vor allem in den schottischen Highlands ist die Unterstützung für den entmachteten Stuart groß. Seine Anhänger werden nach ihrem vertriebenen Herrscher »Jakobiten« genannt. In uralter Ehrtradition fühlten sich die Clan-Chiefs dem Exkönig verpflichtet, dem sie einst den Treueid schworen. 1691 amnestiert William III. per Erlass die Hochlandrebellen, sofern sie sich ihm bis Ende des Jahres persönlich empfehlen.

Die meisten Stämme folgen dem Aufruf, nur die MacDonalds von Glencoe nicht, denn der klirrend kalte Hochlandwinter hindert sie am Aufbruch. Woraufhin der rivalisierende Campell-Clan, nachdem er zehn Tage lang zu Gast bei den MacDonalds gewesen war, über vierzig ihrer Familienmitglieder, Männer wie Frauen wie Kinder, erbarmungslos niedermetzelt. Auf Regierungsbefehl. Ein Verrat, ein ruchloser Akt, der als »Massaker von Glencoe« in die Geschichte eingeht; und das tiefgrüne Tal im westlichen Hochland, wo zwischen den Felskegeln Wasserfälle munter in die Tiefe hinabsprudeln, wird seitdem »Tal der Tränen« genannt.

EIN PRINZ KOMMT, VERLIERT UND GEHT

Nach dem Tod des kinderlosen Paars Mary und William besteigt 1702 als letzte Herrscherin aus dem Stuart-Geschlecht Marys Schwester, Königin Anne, den Thron. In einer Art »freundlicher Übernahme« vollzieht sich in ihrer Regierungszeit 1707 die Vereinigung von England und Schottland. Die Aktien dafür stehen gut: Infolge grandioser Fehlspekulationen gähnt Leere im schottischen Staatssäckel, die Bitten der Schotten jedoch um Finanzhilfen stoßen in London auf taube Ohren; seit 1705 versperrt überdies der *Alien Act* allen Schotten als »Ausländern« den Zugang zu ihren lebenswichtigen Märkten in England und Übersee, gewissermaßen ein Handelsembargo via Fremdengesetz. So gerät die schottische Ökonomie massiv unter Druck, um nicht zu sagen: Das Land ist bankrott – und der südliche Nachbar muss nur noch die Ernte einfahren. Getreu den Buchstaben des *Act of Union* wird die gut hundertjährige Personalunion der englischen und der schottischen Krone in eine politische Realunion überführt. Die Geburtsstunde des Königreichs Großbritannien.
Mit der Ratifizierung der Unionsakte Anfang 1707 in Edinburg fallen die Zollschranken, Verwaltungs- und Steuersysteme werden vereinheitlicht und das schottische Parlament aufgelöst. Künftig entsenden die Schotten gemäß ihrem Bevölkerungsanteil 45 Volksvertreter ins neu konstituierte britische Unterhaus, wo sie 500 englischen Abgeordneten gegenüberstehen. Unter erheblichem Protest seiner Landeskinder hat das *Kingdom of Scotia* aufgehört zu existieren. Und die Vereinigung bleibt ungeliebt, nicht nur in *North Britain*, wie die Engländer Schottland nun nennen. Etliche jakobitische Verschwörungen, Scharmützel und Aufstände und in den Highlands Revolten erschüttern das Königreich. Als 1715 nach dem Ableben Queen Annes die britische Krone an das kurfürstliche Hannover übergeht, kommt es mit französischer Unterstützung zu einer Invasion. Sie scheitert ebenso wie sämtliche Umsturzversuche der katholischen Stuart-Anhänger. Doch geben sie sich noch längst nicht geschlagen. Ihre letzte Geheimwaffe im Kriegsarsenal heißt: Bonnie Prince Charlie, Enkel des fortgejagten James II.
Der 1720 in Rom geborene Hitzkopf Charles Edward Stuart kennt das Land seiner Vorväter nur aus Erzählungen. Nichtsdestotrotz führt er ein leidenschaftliches *I am come home* auf den Lippen, als er im Sommer 1745 auf einem Hebrideninselchen landet, um seinen überkommenen Thronanspruch anzumelden. Vor etwa 1200 Highlandern hisst Bonnie Prince Charlie Mitte August in Glenfinnan sein Banner. Mitte September marschiert die auf 3000 Clan-Männer angewachsene Truppe in Edinburg ein. Im Dezember steht der Prinz mit 5000 Mannen nur noch 150 Kilometer vor London – und das Kriegsglück wendet sich. Müde, erschöpft, angeschlagen, sieht sich das zudem undisziplinierte Highlander-Heer von den gut organisierten, frisch nachgeschobenen Regierungstruppen König Georges II. umstellt.
Von da an ist die Sache der Stuart-Anhänger verloren. Quer durch England über den River Tweed bis zum nördlichen Inverness werden sie gejagt und

Anwesen Balmoral Castle in den einsamen Grampian Mountains, wo sie fortan ihre Sommerfrische verbringt. Mehr darüber im Highlands-Kapitel.

NORDSEEÖL, SILICON GLEN UND VERSTÄRKTER LOS-VON-ENGLAND-TREND

Die Jahrzehnte vor Ausbruch des Ersten Weltkriegs sind in Schottland wie überall in den europäischen Industriestaaten von Verteilungskämpfen geprägt. Gewerkschaftsbewegungen entstehen, in deren Gefolge sich sozialistische Parteien gründen, um das »Streben des Menschen nach Glück«, wie Adam Smith formulierte, auch für die Arbeiterklasse zu reklamieren. 1880 gründet sich die schottische Labour Party. 1914 zieht das Land in den Krieg und verliert in den Stahlgewittern ein Zehntel seiner männlichen Einwohner. Auf den Friedensschluss 1918 folgt der Niedergang der schottischen Schwerindustrie. Massenentlassungen, Streiks und soziale Unruhen in der Weltwirtschaftskrise schließen sich an. Auf dem Höhepunkt der Depression sind annähernd zwei Drittel der Werftarbeiter im »roten« Clydeside arbeitslos; es kommt zu Tumulten, und London entsendet Soldaten, die den »bolschewistischen Aufstand« niederschlagen. Acht Prozent der Bevölkerung kehren ihrer Heimat in den Dreißigerjahren den Rücken zu, um ihr Glück in Kanada und Australien zu suchen.

Der Ruf nach *Home Rule*, nach schottischer Selbstverwaltung, wie ihn insbesondere die 1934 gegründete Scottish National Party (SNP) einfordert, verhallt nun nicht länger ungehört. 1936 setzt die britische Zentralregierung einen Staatssekretär für Schottland im Rang eines Kabinettmitglieds ein. Ein erster Schritt in Richtung *Devolution*, der Loslösung von London. Nach Ende des Zweiten Weltkriegs zieht der erste SNP-Abgeordnete ins Parlament in Westminster ein. *Scotland Forever* lautet das Motto, und ihr prominentester Parteigänger, Sean Connery, hat es gar auf den Unterarm tätowiert. Als Queen Elizabeth II. den berühmten britischen Filmschauspieler im Jahr 2000 für seine Verdienste um Großbritannien zum Ritter schlägt, erscheint »Big Tam«, wie ihn seine Edinburger Landsleute nennen, zum Zeremoniell in der königlichen Residenz Holyroodhouse ehrerbietungswürdig im Kilt.

Bereits seit 1975 wird auf den Offshore-Bohrinseln östlich der Shetlandinseln Erdöl aus der Nordsee gepumpt. Das geflügelte Wort vom »Sparen wie die Schotten« hatte ausgedient. 1976 gewinnt die Scottish National Party 13 von 71 Sitzen im britischen Unterhaus, zwei Jahre später verabschiedet das Parlament die schottische Teilautonomie. Zwar scheitert die dazu anberaumte Volksabstimmung 1979 an einer zu geringen Wahlbeteiligung, doch dem ungeachtet geht es ökonomisch weiter bergauf. Neue hochqualifizierte Arbeitsplätze für Techniker, Bank-, Finanz- und Computerspezialisten entstehen in den kommenden Jahren im Land der Tüftler und Denker, das neben Öl über enorme Ressourcen an Gas und Wasser verfügt und darüber hinaus mit Edinburg einen der wichtigsten europäischen Finanzplätze stellt.

In »Silicon Glen« zwischen Glasgow und Edinburg boomt ab Anfang der neunziger Jahre die Halbleiter-, Elektro- und Informationsindustrie, und 1996 begrüßt Klonschaf Dolly am Edinburger Roslin Institute mit einem Blöken die Welt. Wie zur Krönung der schottischen Erfolgsgeschichte kehrt just 1996,

Tor in den Ochil Hills, Perthshire & Kinross

nach genau 700 Jahren Exil, in einem festlichen Akt der geschichtsschwere Stone of Scone nach Schottland zurück. Und der Anerkennungen noch nicht genug, wird 1997 der gebürtige Edinburger Tony Blair nach Ramsay MacDonald (1924–1935) der zweite schottische Premierminister von Großbritannien – und 2007 folgt auf Blair der dritte Schotte: Gordon Brown.

1999 entscheidet das Volk ein zweites Mal über die Teilautonomie – diesmal stimmen fast 75 Prozent für ein eigenes Regionalparlament, das ertmals im Mai 1999 tagt. Begleitet von fröhlichen Feuerwerken und Openair-Konzerten wird das neue Parlamentsgebäude 2004 in Edinburg eingeweiht, und die Abgeordneten nehmen nun dort ihre Arbeit auf. Außen-, Sicherheits- und Wirtschaftspolitik verbleiben zwar weiterhin an der Themse, doch kann Schottland nun nach fast 300 Jahren seine Innenpolitik wieder selbst bestimmen und entsendet darüber hinaus eigene Vertreter nach Brüssel und Straßburg.

Bei den schottischen Parlamentswahlen im Mai 2007 geht die Scottish National Party als stärkste hervor. Diese Partei setzt sich immer mehr für den Austritt Schottlands aus dem Vereinigten Königreich ein. Zum Wahlausgang schreibt die Sonntagszeitung der *Neuen Zürcher Zeitung*: »Vor allem hinterfragt das Ergebnis einmal mehr die vor 300 Jahren erzwungene Vereinigung der schottischen und der englischen Krone. Für die selbstbewussten, aber armen Schotten war schottische Identität immer wichtiger als britische Nationalität. Aber in England, im Zentrum des Königreichs, wird die Suche nach englischer Identität wichtiger werden. Während Festland-Europa versucht zusammenzuwachsen, regionalisiert sich Großbritannien. So findet seine Fortsetzung, was mit dem Niedergang des British Empire begann.«

LOWLANDS – BURGENLAND, RUINENLAND, UMSTRITTENES LAND

Grenzmarken gen England

Blutbuche bei Moniaive, Dumfries & Galloway
Küste bei Girvan mit Ailsa Craig am Horizont, South Ayrshire

Haus mit fantasievollem Gärtner

Seit Kaiser Hadrians Zeiten sind die Borders als südlichste Region Schottlands bis weit in die Neuzeit hinein Grenzland gewesen. *The Debatable Land* nannte man es, das umstrittene Land. Burgenland, Ruinenland, dessen Trümmer von ehemals mächtigen Klöstern und wehrhaften Festungen die Geschichte vieler Jahrhunderte voller kriegerischer Auseinandersetzungen erzählen. Geschichten von Liebe und Tod, düster und romantisch zugleich, wie man sie noch an den zahlreichen Tower Houses im Grenzland ablesen kann: ursprünglich Wehrtürme, die man einst als Befestigungskette gegen England errichtete und ab dem 13. Jahrhundert zu burgähnlichen, massigen Wohntürmen ausbaute; mit schießschartenkleinen Fenstern, schmucklos und mehr zur Verteidigung als zur Zierde gedacht. In solcher Gestalt thront die vierschrötige Grenzfeste Hermitage Castle an den Ausläufern der Cheviot Hills über dem Land, nüchterner graubrauner Stein, der mit der Landschaft zu verschmelzen scheint, und dabei an eine Liebesgeschichte erinnert: den Parforceritt Maria Stuarts, den sie 1566 von Jedburgh aus nach Hermitage Castle absolvierte. Vierzig Meilen ritt die Königin ohne Unterbrechung im strengen Galopp, vierzig Meilen im stürmischen Unwetter, die sie beinahe das Leben kosteten, nur um ihren im Kampf verwundeten geliebten Bothwell wiederzusehen. Und so wundert es nicht, dass die Burg heute eine beliebte Filmkulisse darstellt, romantisch für Maria-Stuart-Verfilmungen oder auch gespenstisch für neue Macbeth-Streifen.

Nicht nur von einer, sondern von Zehn-, vielleicht sogar Hunderttausenden Liebesgeschichten weiß Gretna Green zu berichten. Unmittelbar hinter der englisch-schottischen Grenze liegt das verschlafene Örtchen am Solway Firth und blickt auf annähernd 250 Jahre Heiratsgeschichte zurück. Da Schottland nach der Union mit England seine alte Rechtsprechung beibehielt, wurde Greta Green, vom englischen Carlisle aus mit der Kutsche und später dem Automobil blitzgeschwind zu erreichen, zum Hochzeitsparadies für die *runaway marriages*. Denn laut schottischem Recht war verheiratet, wer sich ohne weitere Formalitäten vor zwei Zeugen das Jawort gab. Eine Genehmigung durch Eltern, Priester, Pfarrer oder Standesamt brauchte man nicht, nur einen *blacksmith*, den Dorfschmied, der – oft zur Schande der standesbewussten englischen Upper-Class-Elternschaft – flugs den Ehebund zwischen zwei durchgebrannten jungen Liebenden schmiedete. Noch bis 1969 war Gretna Green der rettende Ehehafen für zahlreiche Pärchen.

Danach wurde die Möglichkeit, heimlich feste Bande zu knüpfen, per Gesetz abgeschafft. Doch sind die *one stop weddings* nach wie vor ein gutes Geschäft. An die 5000 Paare gehen in Gretna jährlich die Ehe ein, mit Hoch-Zeiten für Hochzeiten immer am Wochenende und besonders natürlich am Valentinstag, heutzutage allerdings erst nach der obligatorischen Anmeldung vorher beim Standesamt. Und wer sich nicht so recht trauen mag, kann zur Gaudi eine *mock marriage* feiern, eine Spaßheirat, zu der man sich vor der ehemaligen Schmiede mit Amboss und Mietzeugen im Schottenrock ablichten lässt.

Grenzmarken sozusagen, hier der Liebe und dort des Todes. In den östlichen Borders liegt dort, wo der River Tweed einst die Grenze zum südlichen Nachbarland markierte, das schottische Unglücksfeld Flodden Field, auf dem in der Schlacht gegen die Engländer 1513 Tausende Soldaten, der Großteil der Landesfürsten und König James IV. ihr Leben für Schottland ließen. Von dort dehnen sich von der Nordsee zur Westküste, in sanften Wellen hinauf und hinab, die Kuppen und Täler der Southern Uplands aus. Ein schier endlos anmutendes Weideland, oft von Trockenmäuerchen eingefasst, zwischen denen die Border Collies als treue Hirtenhunde für ihre Herrchen die Schafe zusammentreiben.

Die Borders sind *sheep country*. Weiße Wollknäuel schmücken die Hänge und die saftigen Flussauen, deren Zotteltracht nach der Schur in den traditionsreichen Tuchwebereien von Galashiels, Peeble und Harwick zu wetterfesten Tweed weiterverarbeitet wird. Der Name des Wollstoffs, sagt man, geht auf einen Schreibfehler zurück: Aus *tweel* von französisch *toile* für Tuch machte der Druckfehlerteufel vor Jahrhunderten *tweed*, der seitdem so heißt wie der Fluss. Dieser zieht, von Schlössern und Ruinen gesäumt, in zahlreichen Kurven und Kehren durchs flacher werdende Heideland seiner Bestimmung entgegen und gibt, bevor er sich in die Nordsee ergießt, seine großartigsten romantischen Veduten zum Besten; heute wie vor 200 Jahren, als William Turner (1775–1851) sie in Aquarellen verewigte und Sir Walter Scott sie durch seine Balladen, Versromanzen und Historienromane weltweit bekannt machte.

ROMANZE IN STEIN UND MÖRTEL

Vier Klosterruinen bilden das alte Herz in den Borders: die Abteien von Melrose, Dryburgh, Kelso und Jedburgh. In der ersten Hälfte des 12. Jahrhunderts ließ sie König David I. errichten, nicht nur zu Gottes Wohlgefallen, sondern auch im Sinne einer wohlkalkuliert weltlichen Entwicklungshilfe. Im Mittelalter waren die Klöster ebenso geistige wie ökonomische Zentren, und wer sie zerstörte, kappte damit oft den Lebensnerv einer ganzen Region. Und so teilten die vier großen Abteien im schottischen Grenz-

oben und rechts *Jedburgh Abbey, gegründet um 1118: Erste Leidtragende beim Ansturm englischer Truppen war meist die Abtei von Jedburgh, 1544 wurde sie zerstört. Nichts bis auf die Grundmauern und eine mächtige Kirchenruine ist von ihr übrig geblieben*

DER DICHTER LÄSST DIE HEXEN TANZEN

1759 erblickte Robert Burns als Sohn eines Kleinbauern in einer strohgedeckten Kate im Flecken Alloway an der Westküste das Licht der Welt. Sein Geburtshaus im Tausend-Einwohner-Dörfchen steht noch so wie vor zweieinhalb Jahrhunderten und muss heute, zwischen Briefen, Originalbuchausgaben und Originalmanuskripten, als *Burns Cottage and Museum* jährlich über 100 000 Besucher verkraften. Überhaupt ist in Alloway, mittlerweile längst mit dem Markt- und Seebadeort Ayr zusammengewachsen, alles mit einem Burns-Label versehen und zum Burns National Heritage Park zusammengefasst: neben Burns Cottage im kleinen Stadtpark der klassizistische Rundtempel *Burns Monument* und nahebei die *Auld Kirk of Alloway*, die schon zu Lebzeiten des Dichters eine Kirchenruine war. Durch ihre Fenster hindurch wird der Zechbruder Tam in Burns berühmter Ballade *Tam o' Shanter* nach trunkener Nacht Zeuge eines schauerlichen Spektakels. Übermütig tanzen die Hexen, und der Teufel spielt dazu mit dem Dudelsack auf.

Scheußlich ist das Satansgefolge anzusehen, nur eine der Hexen war schön, und um Tams Verstand wards geschehen. *Er schrie ihr: ‹Bravo Kurzhemd!› zu, / Da – all der Glanz verlöscht im Nu; / Kaum hat sich Tam aufs Pferd geschwungen / So kam das Höllenheer gesprungen. Seine Stute galoppiert um Leben und Tod.* Es folgt der rettende Sprung von Stute Grete über den River Doon, dort wo sich die kopfsteingepflasterte Brig o'Doon mit elegantem Bogen von einem Ufer zum anderen schwingt. Denn bekanntlich können

Im Hafen von Girvan, Westküste

Hexen fließende Wasser nicht überqueren. ... *und Tam war frei; / Doch sie verlor den Schweif dabei: / Die Hexe packt' ihn dicht am Rumpf / und ließ der Grete kaum 'nen Stumpf.*

Der Farmer, Schmuggler und Eigentümer eines Boots namens *The Tam*, Douglas Graham, diente Burns als leibhaftiges Vorbild für seinen fröhlichen Zecher, und dessen poetischer Trinkkumpan »Souter Johnnie« war in Wirklichkeit der Flickschuster John Davidson. Beide lebten etwa zehn Kilometer südlich von Alloway im Örtchen Kirkwald, wo sie auf dem örtlichen Friedhof beerdigt sind und in »Souter Johnnie's Cottage«, heute ein Brauhaus, als lebensgroße Figuren von einem lokalen Künstler 1802 in Stein gehauen, noch immer im Mittelpunkt der lebhaften Wirtshausszenerie stehen. An Besucherströmen wird die Lokalität nur noch von Culzean Castle übertroffen. Nahebei thront das Schloss hoch auf den Klippen, ja scheint nahezu über der Brandung zu schweben. Ein Bravourstück des Architekten Robert Adams von Ende des 18. Jahrhunderts, mit reichlich Dekor im georgianischen Stil, massiven Rundtürmen und zinnengekrönten Eck- und Seitentürmen, die noch an die Festung erinnern, als die Culzean Castle im 14. Jahrhundert ursprünglich entstand.

Von 1777 bis 1792 baute Adams das alte Tower House im Auftrag von David Kennedy, 10. Earl of Cassillis, Chieftain des Kennedy-Clans und leidenschaftlicher Schmuggler, zum Märchenschloss aus. Außen kastellartig, innen die Salons und Zimmerfluchten von bestechender Eleganz, von den Teppichen über den Wandschmuck bis zu den Stuckdecken im Adam Style durchkomponiert. Insbesondere das säulenbestandene ovale Treppenhaus gilt als adamsche Glanzleistung, ebenso wie der kreisrunde Salon unmittelbar über den Klippen, von wo aus der Blick weit über den Firth of Clyde bis zur Insel Aran und südwärts zum meerumspülten Felskegel von Aisla Craig reicht. Nach 1945 überantwortete der Kennedy-Clan dieses traumhafte Anwesen dem National Trust, der nationalen Denkmalbehörde, die es seitdem betreut und verwaltet. Nicht etwa, weil der Krieg allzu große Löcher in Bauwerk oder Kennedy-Brieftasche gerissen hätte, sondern weil die Labour-Regierung nach 1945 bis zu 60 Prozent Erbschaftsteuer erhob. So gelangte seinerzeit eine nicht unwesentliche Reihe von Schlössern, Burgen und Herrensitzen unter die Obhut des Staats. Culzean Castle allerdings unter der Bedingung, dass die oberste Etage für prominente Gäste reserviert bleibe. Und so geschehen, dient das Schloss seither als Schottlands National Guest House.

SPINNEREIDORF ALS UNESCO-WELTKULTURERBE

Nördlich, über Alloway und Ayr Glasgow entgegen, zählt die Stadt Kilmarnock zwar nicht mehr zum Burns-Trail, doch hätte sie den Dichter sicher erfreut. 1820 eröffnete dort ein junger Mann aus Ayrshire, John Walker, einen Kolonialwarenladen und schenkte, wie es damals Gepflogenheit war, unter seinem persönlichen Namen verschiedenerlei angekaufte Whiskys aus. Keine hundert Jahre später verfügte die erfolgreiche Firma über Filialen weit über Großbritannien hinaus in Sydney, Südafrika, Ägypten und sogar Burma und China, und heute zählt die Brennerei in Kilmarnock zu den größten rund um den Globus. Johnnie Walker wird dort produziert, ein Blend aus vierzig verschiedenen Whiskys und der meistgekaufte Scotch auf der Welt. Längst aber bevor John Walker seinen Laden eröffne-

New Lanark, einstiges Spinnereizentrum: Heute sind diese historischen Gebäude das bedeutendste Denkmal der Industriellen Revolution Großbritanniens. Unesco-Weltkulturerbe seit 2001

te, waren die hochprozentigen Malzbrände für zahlreiche Elende der beste Freund.

Seit der Einführung der ersten mechanischen Spinnmaschine 1764 schufteten sie in den Baumwollfabriken unter heutzutage unvorstellbaren Bedingungen und ertranken ihren Jammer in Whisky. So auch am Oberlauf des River Clyde, etwa zwanzig Meilen Vogelfluglinie südöstlich von Glasgow. 1785 hatte der Glasgower Bankier David Dale bei den Clyde-Wasserfällen, um ihre Wasserkraft zum Antrieb der Maschinen zu nutzen, eine Spinnfabrik mit angeschlossener Arbeitersiedlung errichtet: New Lanark. Als Dales Schwiegersohn Robert Owen (1771–1858), Sozialreformer und Vater der englischen Sozialphilosophie, im Jahr 1800 die Leitung der Fabrik übernahm, fand er sie völlig verwahrlost vor.

Also machte sich der Reformer ans Werk, um den Beweis anzutreten, dass soziale Wohlfahrt und Unternehmertum nicht zwangsläufig im Widerspruch stehen, und gestaltete New Lanark bis 1825 zum Musterfall einer neuen Gesellschaft um, wie sie ihm vorschwebte. Mit den Gewinnen aus den florierenden Baumwollfabriken wurden die Wohnungen in Stand gesetzt und vergrößert, eine kostenlose Gesundheitsfürsorge, eine Pensionskasse und eine Lebensmittelkooperative eingerichtet. Noch bis 1968 arbeiteten die Spinnereien, danach gingen im Zuge einer weltweit günstiger produzierenden Konkurrenz die Lichter aus. New Lanark verfiel und wurde erst dank dem unermüdlichen Einsatz einer Bürgerinitiative wieder zum Leben erweckt. Gegenwärtig bewohnen rund 200 Menschen die hervorragend restaurierten historischen Gebäude. Dazu kommen alljährlich gut 400 000 interessierte Touristen, die die alten Gebäude besichtigen – das bedeutendste Denkmal der Industriellen Revolution in ganz Großbritannien.

CENTRAL BELT – DIE MITTEL-SCHOTTISCHE SENKE MIT DEN ZWEI METROPOLEN

Nur 45 Autominuten entfernt und doch Welten auseinander: Proletariermetropole Glasgow – Aufklärungs- und Wissenschaftsstadt Edinburgh

Glasgow: Hängebrücke South Portland Street, eröffnet 1853

Beim Hauptbahnhof von Glasgow

Mittelschottische Senke, Central Lowlands, Industrial Belt, Central Belt … so viele Namen trägt das zentrale Hügelland, das sich in sanften Wellen zwischen den beiden schottischen Metropolen Glasgow und Edinburg ausdehnt. Drei Viertel aller Schotten leben in dem ökonomisch und infrastrukturell hoch entwickelten Landstreifen zwischen Firth of Clyde, Firth of Forth und auf der Halbinsel Fife oberhalb des Firth of Forth. Gut 600 000 Einwohner zählt allein die alte Industrie- und Kaufmannsstadt Glasgow, die damit noch vor ihrer Dauerrivalin Edinburg die größte Stadt Schottlands ist. Glasgow: in der Blüte der industriellen Revolution nach London die reichste Stadt Großbritanniens, im 19. Jahrhundert rauch- und rußschwarzer Moloch, im 20. Jahrhundert Sinnbild des industriellen Niedergangs und in den letzten 25 Jahren als Trendcity und Kulturmetropole wie Phönix aus der Asche gestiegen. *Glasgow's Miles Better*, lautet der doppelsinnige Werbespruch, den die Stadtväter dem Aschenputtel am River Clyde verpasst haben: Glasgow ist Meilen besser bzw. lächelt besser – ein stimmiger Slogan, der hier die erfolgreichen Wiederbelebungsbemühungen einer verloren geglaubten Arbeiterstadt spiegelt, und der dort auch die Gemütslagen der *Glaswegians* trifft, die das Auf und Ab ihrer Stadt, Blüte und Niedergang, Aufbau und Abrisse stets mit einer guten Portion Mutterwitz kommentierten. Nur eines stimmt nicht: Ein »grüner Ort« (gälisch *glas ghu*) ist Glasgow sicherlich nicht.

GLAS GHU (»GRÜNER ORT«) IST GLASGOW LÄNGST NICHT MEHR

Im 6. Jahrhundert, als der christlichen Missionar Mungo den Ort gründete, sah das freilich noch anders aus. An der Stelle der heutigen Kathedrale im Herzen der Stadt errichtete der heilige Mungo eine erste Kapelle, fischte Lachse und taufte Heiden im glasklaren River Clyde. Darüber hinaus vollbrachte er zahlreiche Wunder, wurde zum ersten Bischof der Region geweiht, und Glasgow stieg zum religiösen Wallfahrtzentrum auf. Der wirtschaftliche Aufschwung der zu Maria Stuarts Zeit noch 3000 Einwohner kleinen Stadt setzte 1707 mit der Union Schottlands mit England ein. An der schottischen Westküste gelegen, profitierten die Glasgower Kaufleute von den kürzeren Handelswegen in die nordamerikanischen Kolonien. Die Tabak-, Zucker- und Rumklipper vom Clyde erreichten die fernen Gestade bis zu vierzehn Tage schneller als die Schiffe von London, und Glasgow stieg zum zentralen Umschlagplatz für diese seinerzeit bedeutenden Luxusgüter auf. Ein entschiedener Standortvorteil.

Stachen 1735 gut fünf Dutzend Handelsschiffe vom Firth of Clyde aus in See, waren es vierzig Jahre später bereits beinahe vierhundert. Im scharlachroten Umhang über dem seidenen Rock stolzierten die Tabakbarone und Reeder über die Glasgower Bürgersteige, von denen bestimmte nur für sie reserviert waren. In Glasgow zog Wohlstand ein, und schon bald drohte es Edinburg als wichtigster Stadt Schottlands den Rang abzulaufen. Erstmals konnten die *Virgina Dons* den begüterten Edinburger Bankiers und Blaublütigen drüben am Firth of Forth ökonomisch Paroli bieten; nicht nur dank ihrer immensen Vermögensanhäufung im Tabakhandel, sondern auch als größte Sklavenhändler im Vereinigten Königreich. Die Natur des Geldes, das Wesen des Unternehmertums, Arbeit und Lohn, Kapitalismus und Moral wurden so zu den zentralen Fragen der Moralphilosophie, die Adam Smith ab 1751 als Professor an der Glasgower Universität unterrichtete und damit die moderne Volkswirtschaftslehre begründete.

Zwanzig Jahre später erfolgte unter James Watt, dem Erfinder der Dampfmaschine, die Vertiefung und Kanalisierung des Clyde. Von der Mündung bis zu den Kohlegruben wurde er schiffbar gemacht. Ohne diese Pionierarbeit hätte kein Ofen befeuert werden können und hätte kein Dampfschiff je flussaufwärts Glasgow erreicht oder seine Werften verlassen. Dazu kamen die florierenden Woll- und Tuchfabriken am River Clyde. 1792 wurde erstmals ein mechanischer Webstuhl eingesetzt, wenig später bereits erhöhte Watts dampfgetriebene Energie die Produktivität um ein Vielfaches und bildete darüber hinaus die technische Grundlage für die Entwicklung der Lokomotivindustrie. Glasgow stieg zum Zentrum des britischen Schiff- und Eisenbahnbaus auf.

Statt Holz war nun Eisen nötig, zu seiner Verhüttung brauchte man Kohle und für die Zechen, Hütten und Werften außerdem eine Vielzahl von Arbeitern. Diese strömten infolge der bereits beschriebenen Clearances oder auch aus dem hungernden Irland in die prosperierende Stadt.

Glasgow Mitte des 19. Jahrhunderts zählt 330 000 Einwohner und ist eine der reichsten Städte der Welt. Neben den rauchenden Schloten der Schwerindustrie sprießen an der Clydeside elende Slums aus dem Boden, während sich die Industriellen in Wohnvierteln im Westend einrichten. Sie schenken Glasgow Museen, Bibliotheken und Parks und lassen auch manche Kuriosität hochziehen: wie Templeton's Car-

pet Factory, eine Teppichfabrik, die als Nachbildung des Dogenpalasts in Venedig entsteht. Aufwendige Repräsentationsbauten nehmen in der Merchant City im Herzen der Stadt Gestalt an. 1883 erfolgt dort am George Square die Grundsteinlegung zu den City Chambers (Rathaus), die man wenige Jahre später in Anwesenheit von Queen Victoria feierlich eröffnet.

Ganz anders die Glasgow Cathedral, die sich östlich davon an dem Ort erhebt, wo St. Mungo einst seine Kapelle errichtete. Von Anfang des 13. Jahrhunderts bis Ende des 15. Jahrhunderts wurde sie im Early English Style erbaut und gilt als eines der schönsten Beispiele gotischer Kirchenarchitektur in Schottland. Nicht zuletzt, da sie neben dem Gotteshaus in Kirkwall die einzige Kathedrale vorstellt, die die Bilderstürmer in der Reformationszeit verschonten. Unter dem Chor in der Unterkirche befand sich der Schrein des heiligen Mungo – Stadtpatron Glasgows, dem auch die Kathedrale geweiht ist. Oberhalb, auf einem Hügel östlich der Kirche und mit ihr durch die Bridge of Sighs (Seufzerbrücke) verbunden, ließen sich die Glasgower Kaufleute, Fabrikanten und Reeder ihre Monumente der letzten Ruhe erschaffen. Den 1833 angelegten Friedhof schmücken anstelle von schlichten Grabsteinen, die man bei gestrengen Calvinisten erwarten dürfte, griechische und maurische Säulen,

links *Konzerthalle in Membranstruktur: das Clyde Auditorium in Glasgow, 1997 eröffnet*
oben *Glasgow: Kelvingrove Art Gallery and Museum, ein imposantes Sandsteinbauwerk, eröffnet 1901*

ägyptische Obelisken, indische Tempelchen und Marmorbüsten in allen Stilrichtungen der einst weltweiten Handelsverbindungen. Davor steht auf einer Säule John Knox mit finsterem Blick angesichts dieser Verschwendungssucht, und es stellt sich die Frage: Hätte er nicht im 16. Jahrhundert, sondern Ende des 19. Jahrhunderts gelebt, wäre seinem Bildersturm wohl auch das Werk des größten Sohns von Glasgow zum Opfer gefallen?

An der Wende zum 20. Jahrhundert entstand Glasgows entscheidender Beitrag zum europäischen Jugendstil, und dieser Beitrag ist unwiderruflich mit dem Namen Charles Rennie Mackintosh (1868–1928) verbunden, Architekt und Designer, bildender Künstler und Kunstpionier seiner Zeit. Auf zahlreichen Wegen kreuz und quer durch die Stadt trifft man auf die mannigfaltige Schaffenskraft dieses berühmten Jugendstilkünstlers, in öffentlichen und privaten Gebäuden oder auch Teestuben, wie beispielsweise dem Willow Tea Room, den Mackintosh von der Bestuhlung über die Wandtäfelung und die Beleuchtung bis hin zum Besteck konzipierte – doch

die Krönung des Rundgangs ist Mackintoshs Meisterwerk: die Glasgow School of Art. In seiner schnörkellos eleganten Funktionalität verkörpert der 1909 vollendete Jugendstilbau den Abgesang auf die Überladenheit der viktorianischen Zeit und wurde damit wegweisend für die europäische Architekturmoderne. »Der Anfang eines Durchbruchs«, wie Walter Gropius später Mackintoshs Kunstakademie rühmte. Aufschluss über das Gesamtwerk des bedeutenden Glagowers bietet das Mackintosh Interpretation Centre im Architektur- und Designmuseum The Lighthouse, und wer darüber hinaus Einblick in die Privaträume des Künstlers nehmen möchte, dem sei der Besuch des in die Hunterian Art Gallery integrierten, rekonstruierten Mackintosh House empfohlen, das beweist, dass Art nouveau nicht allein Kunst-, sondern vielmehr Lebensstil ist. In Nachbarschaft zur Hunterian Art Gallery, dem 1807 eröffneten, ältesten Stadtmuseum, beherbergt im Kelvingrove Park das Glasgow Museum and Art Gallery seit 1901 die städtische Gemäldesammlung mit zahlreichen kostbaren Meisterwerken. Kunst und Wissenschaften in einer prächtigen Grünanlage vereint. 1870 entstand im Kelvingrove Park, nur wenige Spazierminuten entfernt, der Neubau der bereits 1451 gegründeten und damit ältesten der drei Glasgower Universitäten. An der Wende zum 20. Jahrhundert hatte die Stadt den Höhepunkt ihrer Entwicklung erreicht.

oben *Glasgows römisch-katholische Kathedrale St. Andrew, 1816 erbaut, dahinter das St. Enoch Shopping Centre*
rechts *Die Universität Glasgow, gegründet 1451, ist die viertälteste Universität im englischsprachigen Raum*

erblickte die katholische Queen of the Scots wenige Kilometer westlich von Edinburg in Linlithgow Palace das Licht der Welt. Erst sechzig Jahre zuvor war Edinburg zur Hauptstadt von Schottland geworden, und bereits damals überragte ihre Dächer die mächtige Burg auf dem Castle Rock. Ihren Vorläufer auf dem wuchtigen Vulkankegel errichtete König Edwin von Northumbria bereits im siebten Jahrhundert: *Dùn Éideann*, die Stadt am Hang, die gut 400 Jahre lang in den Händen Northumbrias blieb, bis 1018 König Malcolm II. sie eroberte und Edinburg damit schottisch wurde. Unter Malcolm III. erfolgte auf dem Castle Rock der Bau der Festungsanlage, die mit Erweiterungen im 15., 16. und 19. Jahrhundert – über Jahrhunderte steter Zankapfel im Konflikt zwischen Schottland und England – immer gewaltigere Ausmaße annahm. Bitter umkämpft, belagert, niedergerissen und unermüdlich wieder aufgebaut. Von der ursprünglichen Anlage aus dem 11./12. Jahrhundert ist deshalb nur die kleine St. Margaret's Chapel erhalten geblieben, und selbst diese wurde in den englisch-schottischen Kriegen zum Munitionslager umfunktioniert. So dient das Edinburgh Castle, seiner unfriedlichen Vergangenheit angemessen, heute als Militärmuseum, das hinter seinen dicken Bastionen neben den schottischen Kronjuwelen auch den legendären Stone of Scone sicher verwahrt. Eine trutzige Feste hoch auf dem Fels, Königspalast, Kaserne und letzte Zuflucht der Stuart, die mittlerweile nicht mehr Soldaten, sondern jährlich rund eine Million Besucher erstürmen.

Von den Festungsmauern aus eröffnet sich ein herrlicher Blick auf das historische Zentrum. In leichten Biegungen führt die Royal Mile sanft bergab und verbindet das Edinburgh Castle mit der königlichen Residenz und Abtei von Holyroodhouse. Mehrfach wechselt der Flanierboulevard unterwegs seinen Straßennamen und bildet dabei das Rückgrat der *Old Town*, deren granitgraue Häuser sich dicht hintereinander gestapelt und hochhaushoch aufgetürmt rund um die Royal Mile am Bergkamm drängeln. Ja, tatsächlich Hochhäuser, sofern man die sieben- bis acht- oder gelegentlich sogar elfgeschossigen, bis ins 17. Jahrhundert errichteten Bürgerhäuser als solche betrachten will. Ihre Höhe ist dem seinerzeit starken Einwohnerzuwachs bei gleichzeitig mangelndem Bauland geschuldet.

Noch Anfang des 18. Jahrhunderts befand sich am Nordfuß des Burgbergs, wo sich heute die Parkanlagen der Princes Street Gardens ausdehnen, ein See; während die Stadt mit bereits 60 000 Menschen fast aus den Fugen platzte. Also baute man *lands*, die man so nannte, weil man in ihren Salons oder Wohnstuben selbst in luftiger Höhe noch Land unter den Füßen verspürte. Lords, Bankiers und Gesandte, aber auch Händler und Handwerker lebten allesamt unter einem Dach, so wie die königliche Meile immer auch eine Volksstraße war, über deren Kopfsteinpflaster gleichermaßen Staatsequipagen, Bürgerkutschen, Händlerkarren oder zeitweilig auch die Pritschen der Henker holperten.

Die Gespenster und Zauberwesen nicht zu vergessen, die in den Gassen und *closes* (engen Hinterhöfen) der Old Town umgehen. Spätestens seit dem weltweiten Erfolg von Harry Potter, den J. K. Rowlings in einem Old-Town-Café ersann, ist die geführte »Gespenstertour« für Edinburg-Gäste ein Muss. Wenn auch Frau Rowlings zugegeben ein England-Import ist. Doch so genau nimmt man das heute nicht mehr.

Edinburgh Castle: erst königliche Residenz (11. Jh.), dann zur militärischen Befestigungsanlage ausgebaut

Luxushotel im Herzen von Edinburg: Balmoral Hotel mit majestätischem Uhrenturm, erbaut 1879

Echte gebürtige Edinburger und berühmte Kinder der Stadt sind dagegen John Napier, der Erfinder der Logarithmen; der Philosoph David Hume, Skeptiker, Aufklärer und radikaler Empiriker; der Physiker James Clerk Maxwell, der die Möglichkeit transversaler elektromagnetischer Wellen entdeckte und so nach Newton das Gebäude der klassischen Physik weiterentwickelte; Alexander Graham Bell, der Erfinder der Quasselstrippe; literarisch Sir Arthur Conan Doyle und sein kombinierender Detektiv Sherlock Holmes sowie der Autor der *Schatzinsel*, Robert Louis Stevenson; Sir Walter Scott, dessen wie ein abgebrochener Kirchturm ausschauendes neugotisches Denkmal am Rande der New Town von Edinburg thront; Sean Connery, Ex-Premier Tony Blair und natürlich Maria Stuart.

Nur wenige Spazierminuten vom Burgberg entfernt, erhebt sich mit einer steinernen Krone auf dem gedrungenen Turm an der Royal Mile die St. Giles Kathedral, in der Marys Widersacher John Knox bis zu seinem Tod 1572 von der Kanzel herab wider die Papisten wetterte. Eine Straßenkreuzung schräg gegenüber steht das John Knox House, das heute das Museum der Schottischen Kirche beherbergt. Obwohl nicht sicher ist, dass Knox jemals dort lebte, gewährt es, 1490 erbaut, mit seinen Deckenbemalungen, hölzernen Galerien und Eichenholztäfelungen einen schönen Einblick in die großbürgerlichen Wohnverhältnisse zur Zeit Maria Stuarts.

Dem Reformator selbst hat man erst 1904 bei der High Kirk of St. Giles ein Denkmal gesetzt, den strengen Blick nicht dem Gotteshaus, sondern dem alten Parliament House von 1632 zugewandt. Ausgerechnet dorthin, wo eine der Edinburger Amüsiermeilen beginnt. Rund um den Grassmarket laden zwischen Restaurants und Cafés, Antiquitätengeschäften und Secondhand-Shops zahlreiche Pubs und Musiklokale bei Tag und bei Nacht zum Bummeln und Ausgehen ein. Ein Ort für die Volksbelustigung, heute wie in vergangenen Zeiten. Auf dem Grassmarket stand einst der Galgen und später *the maiden*, das erste Fallbeil in der Geschichte der Menschheit, zumindest soweit bekannt ist – zweihundert Jahre vor der Erfindung der Guillotine. Eine andere, rührende Geschichte, die sich nahebei um 1865 zutrug, erzählt von unerschütterlicher Treue bis in den Tod. Es ist die Geschichte von *Greyfriars Bobby*, an die eine kleine Bronzestatue vor einem Pub am Greyfriar-Friedhof erinnert. Vierzehn Jahre lang bewachte der getreue Sky Terrier Bobby das Grab seines unverhofft verstorbenen Herrchens. Nur Mittags zur One O'Clock Gun, wenn von der Burg der Kanonendonner erklang, erhob sich Bobby und ließ sich von einem Gastwirt in der Nachbarschaft füttern. So verbrachte er seine Hundejahre auf dem Gottesacker von Greyfriar, bis er endlich friedlich entschlief – vom Bürgermeister später zum ersten und einzigen tierischen Edinburger Ehrenbürger ernannt und von Walt Disney in *Greyfriars Bobby: The True Story of a Dog* 1961 unsterblich gemacht.

ABGRÜNDE: KÖNIGIN – KÖNIGSGEMAHL – LIEBHABER – DOLCHSTÖSSE

Doch kehren wir noch einmal ins 16. Jahrhundert und zu den Stuarts zurück, deren königliche Residenz Holyroodhouse den östlichen Abschluss der Royal Mile bildet. James IV. lässt das Schloss ab 1501 neben der alten Abtei Holyrood aus dem 12. Jahrhundert erbauen, und schnell steigt es zum gesellschaftlichen und politischen Mittelpunkt Schottlands auf. Maria Stuarts Mutter Marie de Guise bestimmt von hier aus die Geschicke des Landes; und unter der Regentschaft ihrer Tochter wird es 1566 zum Schauplatz eines schrecklichen Mords: Die Königin sitzt mit ihrem Liebhaber und Sekretär Rizzio zu Tisch, als ihr Ehemann Darnley und Verschworene eindringen, die Rizzio erdolchen. Wenig später flieht sie mit ihrem neuen Geliebten Lord Bothwell und kehrt nie wieder an den Tatort zurück. Die königlichen Stuart-Gemäuer verwaisen.

Nachdem Marias Sohn James 1603 das Erbe seiner englischen Tante Elizabeth I. angetreten hat und in Personalunion über England und Schottland herrscht, hält er nur noch gelegentlich Hof in Holyroodhouse. Und so ist es bis heute geblieben. Hin und wieder wird über den Palastdächern eine Fahne gehisst, die ankündigt, dass die Royal Family weilt und der Tourist draußen bleibt. Dann umweht den offiziellen Regierungssitz der Queen in Schottland für einige Tage noch einmal der Ruhm vergangener Zeiten – könnte es einen würdigeren Nachbarn für das neue schottische Parlamentsgebäude geben? In unmittelbarer Nähe zu Holyroodhouse entstand es nach Plänen der Spanier Enric Miralles und Benedetta Tagliabue, im Jahr 2004 eröffneten die Volksvertreter in seinen Räumlichkeiten feierlich die erste Sitzung. Die Standortwahl Reminiszenz an die wechselhafte schottische Geschichte, der Gebäudekomplex selbst Ausdruck der schottischen Emanzipation und Demokratie.

Erste glanzvolle Formen finden diese bereits Mitte des 18. Jahrhunderts auf dem Höhepunkt des Scottish Enlightment. Während Glasgow zum britischen Krösus aufsteigt, avanciert Edinburg zur europäischen Metropole der Aufklärung. Zum »Athen des Nordens«, das einen so großen Zuzug verzeichnet, dass abermals angebaut werden muss. Dazu wird der See nördlich des Burgbergs trockengelegt und

ein Architekturwettbewerb ausgeschrieben, den der damals noch völlig unbekannte, gerade erst 26 Lenze zählende James Craig gewinnt. Am Reißbrett konzipiert er bis 1766 die *New Town*, klassizistisch symmetrisch, großzügig mit breiten Straßen und Plätzen angelegt, die in ihrer schachbrettmusterartigen, vernünftigen Ordnung den Bedürfnissen eines erstarkenden Bürgertums Rechnung trägt. Eine Meisterleistung georgianischer Architektur.
Inzwischen zählt die New Town zu den teuersten Pflastern in Edinburg, ist Büro- Geschäfts- und Finanzviertel, das im Zentrum die von eleganten Boutiquen und Restaurants gesäumte George Street durchzieht und südlich die Princess Street abschließt: quirliger Shoppingboulevard, pulsierende Lebensader der New Town, Trennmarke zur Old Town und zugleich Scharnier zwischen dem Edinburg des John Knox und der Stuarts und der Stadt des Geists und der Aufklärung. Hier Mittelalter und Reformation, da die brilliante Ouvertüre der Neuzeit; hüben pittoresk durcheinander gewürfelte Häuserfluchten, drüben ein mit Lineal und Winkelmesser entworfenes Stadtquartier. Royal Mile und Princess Street – zweierlei Antlitz der altehrwürdigen schottischen Städtekönigin. 1995 wurde Edinburgs gesamtes historisches Zentrum zum Weltkulturerbe der Menschheit erklärt.

DIE HALBINSEL FIFE, WO ENGLAND EINST SCHOTTLAND VERLOR

Zwischen den Firth of Forth und den nicht weniger tief ins Land greifenden Firth of Tay schmiegen sich die grünen Feld- und Weidehügel der Halbinsel Fife, Kerngebiet des verflossenen piktischen Königreichs. Noch bis Ende des 19. Jahrhunderts musste man entweder die Segel hissen, um von Edinburg zur alten königlichen Residenzstadt Dunfermline überzusetzen, oder den langen Umweg um den Scheitelpunkt der Forth-Förde herum zurücklegen. Letzteren bevorzugen noch heute schottische Patrioten und romantische Stuart-Anhänger, denn er führt an Linlithgow Castle vorbei zum geschichtsträchtigen Örtchen Stirling, bei dem sich zwei Meilen südlich das glorreiche Schlachtfeld von Bannockburn ausdehnt: die Wallfahrtsstätte des schottischen Nationalbewusstsein schlechthin. 1314 erstritt hier Robert the Bruce die Unabhängigkeit Schottlands von England. Und wie das mit historischen Schlachtfeldern nun einmal ist, sieht man eigentlich nichts, wären da nicht des siegreichen Königs Reiterstandbild und das Bannockburn Heritage Centre, das detailliert über den Gefechtsverlauf informiert – und gäbe es außerdem nicht den jährlichen Aufmarsch der Nationalisten, der von Bannockburn zur Kranzniederlegung nach Stirling geht.
Hoch auf dem Fels thront über dem Ort imposant Stirling Castle. Bereits Anfang des 12. Jahrhunderts erhob sich hier in strategischer Schlüssellage, als Tor zu den Highlands, eine Wacht. Ab Ende des 14. Jahrhunderts ließen sie die Stuart-Könige majestätisch erweitern und auch ihre Wehranlagen immer wieder verstärken. James III. erblickte in Stirling Castle das Licht der Welt, James IV. und James V. wuchsen zwischen den mächtigen Mauern auf, und Maria Stuart wurde 1543 als Säugling in der örtlichen Kirche gekrönt. Zuletzt hielt die alte Stuart-Hauptresidenz 1746 der Belagerung durch Bonnie Prince Charlie stand, seitdem hat sie keine militärische Auseinandersetzung mehr gesehen.

Dennoch fungierte sie weiter im Sinne des Kriegshandwerks. Bis 1964 diente sie den Regimentern der Argyll and Sutherland Highlanders zur Stationierung. Anschließend nahm man mehrere Millionen Pfund für die Restaurierung in die Hand, und so präsentiert sich die Festung heute wieder in altem Glanz. Der nationalen Weihen damit noch nicht genug, grüßt in der Nähe auf einem Hügel seit 1869 das Wallace Monument. Der 67 Meter hohe Turm ehrt den Sieger der Schlacht 1297 bei Stirling Bridge gegen die Engländer, William Wallace. Und nachdem man dessen Schwert oder auch Mel Gibsons Originalkostüm aus dem Film *Braveheart* bewundert hat, lässt sich von seiner Aussichtsplattform herab ein schöner Blick über diese bedeutenden nationalen Gefilde genießen.

Auf dem Wasserweg von Edinburg aus auf die Halbinsel Fife gelangte man erst seit 1890 trockenen Fußes, oder besser, in den Coupés der stählernen Dampfrosse. Im März jenen Jahres wurde die gut zweieinhalb Kilometer lange Eisenbahnbrücke über den Firth of Forth eingeweiht. 58 000 Tonnen Stahl, acht Millionen Nieten und eine Vielzahl von Bögen und Balkenträgern waren nötig, um dem kuriosen Gitterfachwerk Stabilität zu verleihen. Ein Bauwerk der Superlative: bei ihrer Fertigstellung die größte und noch bis heute die zweitgrößte Auslegerbrücke der Welt. Die Straßenbrücke nebenan eröffnete 74 Jahre später ihren Betrieb und stellt seitdem die schnellste Verbindung ans jenseitige Firth-of-Forth-Ufer nach Dunfermline dar.

Vom 11. Jahrhundert an war das schmucke Städtchen Regierungssitz des schottischen Königreichs und zugleich Begräbnisstätte der frühen Herrscher. Von Robert the Bruce bis zu den ersten Stuart-Regenten liegen ihre sterblichen Hüllen in der 1070 gegründeten Abteikirche begraben. Darüber hinaus stößt man Tritt auf Schritt auf eines Stahlkönigs Namen, dessen

oben *Westlich von Edinburg bei Queensferry: rechts die imposante Eisenbahnbrücke über den Firth of Forth – ein technisches Meisterwerk aus dem Jahr 1890, Gesamtlänge 2,5 km, Turmhöhe 100,6 m, Höhe der Fahrbahn über Meer: 45 m, verbauter Stahl: 58 000 t; links die Straßenhängebrücke (1964)*
rechts *Haus ins Queensferry*

Wiege im kleinen Dunfermline stand: Andrew Carnegie (1835–1919), seines Zeichens Industrieller und zu Lebzeiten der reichste Schotte der Welt. Die Inkarnation des American Dream vom Tellerwäscher zum Milliardär. 1848 wanderte der Sohn eines armen Webers mit seiner Familie nach Amerika aus und stieg dort in Pittsburgh zum Stahlmagnaten auf. Skrupelloser Leuteschinder, der gnadenlos die Konkurrenz eliminierte, und zugleich ein großherziger Menschenfreund, der stets die Spendierhosen anhatte. Mehr als 350 Millionen Dollar stifte er im Lauf seines Leben. Einen Teil davon vermachte er seiner Heimatstadt, die es ihm mit zahlreichen Andenken dankte.

Auf den Spuren der Stuart-Könige geht es von Dunfermline nordwärts zum Dörfchen Falkland am Fuß der Lomond Hills. Um fern von der feindlichen Atmosphäre in Edinburg schöne Zeit zu genießen, erbauten sich die Regenten mitten im Ort zwischen 1450 und 1541 ihr Jagdschlösschen Falkland Palace – eine weitere der insgesamt sieben Stuart-Residenzen und einer der schönsten Renaissancesitze Schottlands. Die junge Mary verbrachte hier auf der Jagd oder beim Tennis glückliche Stunde, und noch heute fliegen auf dem 1539 eingerichteten Tennisplatz die Bälle. Doch »es gibt kein unbedingtes und ungetrübtes Glück, das länger als fünf Minuten dauert«, um mit den Worten des Schottland-Reisenden Fontane zu sprechen. Nur eine halbe Reiterstunde entfernt

BELLA VISTA
Ristorante & Pizzeria

wurde Loch Leven Castle auf einem Eiland mitten im gleichnamigen See zur Endstation für Maria Stuart. Im Juni 1567 wird sie dort inhaftiert, elf Monate später gelingt ihr in einem Ruderboot die Flucht, doch gerät sie bald darauf in die Hände ihrer Rivalin Elizabeth I. So wird Loch Leven Castle zum letzten Schloss, das die Königin auf schottischem Boden bewohnt. Der traurigen Geschichte angemessen ist es seit langem verfallen. Und ein kleines Motorboot setzt über den See, das bei Wellengang ordentlich schwankt.

Blick zur Burg von Stirling (nordöstlich von Glasgow). Ganz in der Nähe von Stirling erstritt 1314 Robert the Bruce die Unabhängigkeit Schottlands von England

Die rauen Wellen der Nordsee branden rundum an den Fife-Küsten an. Verträumte Fischerdörfchen mit windschiefen Katen und grob verputzten *Little Houses* ducken sich in den Buchten oder liegen hoch auf den Klippen. Dahinter erstreckt sich oft tiefgrünes Land, der Rasen mustergültig getrimmt, und gelegentlich wird man Zeuge, wie ein kleiner weißer Ball nach einem kräftigen Abschlag über die Steilküste springt. Fife ist die Heimat des Golfsports. Insgesamt vierzig Golfplätze verzeichnet die kleine Region, mit dem legendären Royal and Ancient Golf Club von St. Andrews als Höhepunkt. Sportsgeist und Geisteskraft sind in dem adretten Städtchen vereint. 1413 wird die St. Andrews University als älteste Alma Mater in Schottland gegründet. Mitte des 16. Jahrhunderts wird St. Andrews zur Keimzelle der schottischen Reformation. Im Frühjahr 1546 erleidet dort der Prediger Wishart, von der katholischen Kirche der Ketzerei beschuldigt, den Tod auf dem Scheiterhaufen.

Kurz danach nimmt eine Gruppe von Protestanten die Burg von St. Andrews ein. Es kommt zum Aufstand im damaligen religiösen Regierungssitz Schottlands, dem der katholische Primas, Kardinal Beaton, zum Opfer fällt. Anschließend beruft man John Knox zum obersten Seelsorger. In der seinerzeit zweitgrößten Kathedrale Britanniens ruft der wortgewaltige Prediger zum Widerstand auf. 1559 plündert der Mob das Gotteshaus und setzt seiner vierhundertjährigen Kirchengeschichte ein Ende.

Kathedrale wie Burg verkommen zum Steinbruch, während John Knox die nächsten Jahre als französischer Galeerenhäftling verbringt. Neben den Grundmauern der Kathedrale, die an die einst gewaltigen Ausmaße erinnern, erheben sich kirchturmhoch ihre verbliebenen Überreste. Zwei Turmspitzen schweben miteinander verstrebt nahezu zwischen Himmel und Erde. Und wenn es auch sonst keine heiligen Wunder mehr gibt, kommt diese Ruine immerhin einem Wunder der Statik gleich.

Tand, Tand – ist das Gebilde von Menschen Hand, dichtete Fontane in seinem Schulbuchklassiker *Die Brücke am Tay* unter dem Eindruck einer der größten Katastrophen in der schottischen Baugeschichte: dem Einsturz der Eisenbahnbrücke am Firth of Tay. Wie südlich am Firth of Forth war auch an der nördlichen Küste der Halbinsel Fife der direkte Weg nach Norden durch Wasser versperrt. Über den Firth of Tay zu gelangen, war öffentlich nur mit Postschiffen möglich, und alternativ musste man den großen Umweg über Land nehmen. Also beauftragte man den Ingenieur Thomas Bouch mit der Errichtung der Taybrücke, damals das tollkühnste Bauprojekt rund um den Globus. 1871 begannen die Bauarbeiten, 1877 erfolgte die Jungfernfahrt über die Eisenbahnbrücke, die sich wie ein Lindwurm auf stählernen Stelzen durch die Nordseeflut wand. Im Dezember 1879, während ein Orkan in der Taybucht wütete, stürzte sie ein und riss einen Zug mit 75 Personen an Bord in den Tod.

Es war wie ein kometenhafter Ausbruch wilder Funken, von der Lokomotive in die Dunkelheit geschleudert. In einer langen Spur war der Feuerstrahl zu sehen, bis zu seinem Verlöschen unten in der stürmischen See, berichtete ein Augenzeuge. Konstruktionsfehler und Schlamperei hatten zum Einsturz geführt. Luftlöcher im Gusseisen wurden heimlich verschmiert, bei der Gründung der Pfeiler im Schlick verwendete man leichte Eisensäulen, statt ein solides Mauerwerk aufzurichten, und Konstrukteur Bouch berechnete die Windangriffsfläche anhand von hundert Jahre alten Tabellen. Von da an war er, den Queen Victoria für sein technisches Wunderwerk noch zum Ritter geschlagen hatte, ein gebrochener Mann und starb zehn Monate später vor Gram. Der Fortschrittsglaube wurde das erste Mal empfindlich erschüttert. Nichtsdestotrotz wurde bereits acht Jahr später die neue Brücke am Tay fertiggestellt. Und bis heute ist sie, auf dem Weg in die Highlands, ohne Zwischenfall in Betrieb.

HIGHLAND-HIGHLIGHTS-RUNDREISEN

Grandiose Einsamkeit und viel Flossenwild

Das Fischerdorf Crovie auf einem schmalen Landstreifen zwischen Meer und Steilhang, Aberdeenshire
unten *Küste bei Gardenstown, Aberdeenshire*

oben *An den Ufern des Upper Loch Torridon, Westküste*
rechts *Schottlands größter See, Loch Lomond im Süden der Highlands*

O ye'll tak' the high road and I'll tak' the low road,
An' I'll be in Scotland afore ye;
But me and my true love will never meet again
On the bonnie, bonnie banks O' Loch Lomond.

O, nehm' du den Bergweg und ich geh zu nieder,
Und ich werd' in Schottland vor dir sein;
Doch ich und mein Schatz sehen uns nie wieder
An dem schönen, schönen Hang bei Loch Lomond.

Romantisch, sentimental, heimatverliebt besingt das alte schottische Volkslied die *bonnie, bonnie banks* von Loch Lomond. Keine dreiviertel Autostunde nördlich von Glasgow liegt der mit vierzig Kilometer Länge und acht Kilometer Breite größte Binnensee Großbritanniens. Kein Monster wie im Loch Ness lässt sich hier blicken, keine ruhmreiche Schlacht wurde hier je geschlagen. Und dennoch rühmt man den Loch Lomond – Tor zu den Highlands – als die *Queen of Scottish lakes*. Hinter seiner glitzernden Wasserfläche steigen schnell die Berge auf, haben bald tausend Meter Höhe erreicht und zeichnen in allen Schattierungen eine majestätische Silhouette am Horizont. Ein malerisches Farewell auf die Lowlands und zugleich Glasgows schöne Umgebung, die

die Glaswegians zum Wandern, Radeln und Paddeln nutzen: entweder die grünen südlichen Seeufer mit dem Touristenort Balloch im Mittelpunkt, oder auf Schusters Rappen die bewaldeten Ostufer entlang, die der Ben Lomond 974 Meter hoch überragt, oder durch die schöne Bergwelt der Trossachs (gälisch für »struppiges Land«) hinüber zum kleinen Loch Katrine – auf den Spuren der *Lady of the Lake* und von Rob Roy: zwei romantischen Balladen über Liebe und Tod in den unzugänglichen Schluchten und Tälern des Clans der MacGregors. Einmal mehr war es Walter Scott, der die Region Loch Lomond und Trossachs durch seine Abenteuergeschichten populär gemacht hat. Die Schotten dankten es ihrem Wegbereiter der Sommerfrische und verliehen der Gegend den Beinamen Rob Roy Country.

1671 erblickte der historische Rob Roy MacGregor in den Trossachs das Licht der Welt. Bis auf sein letztes Lebensjahrzehnt befand er sich stets auf der Flucht; als geächteter Stuart-Parteigänger vor den siegreichen Engländern ebenso wie als Viehdieb und Kleingauner vor einer Vielzahl von Gläubigern. Walter Scott stilisierte den Desperado in seinem opulenten Romanwerk von 1818 zum schottischen Robin Hood, und so ging Rob Roy, halb Mythos, halb Wahrheit, in den großen Schatz schottischer Volkshelden ein. 1734 stirbt er friedlich zu Hause im Bett und liegt seitdem auf dem kleinen Kirchhof von Balquhidder begraben. Nahebei kann man in Callander im Rob Roy Visitor Centre seine Abenteuer nacherleben, bei Inversnaid in sein Felsenversteck Rob Roy's Cave krabbeln oder auch auf dem Rob-Roy-Wanderweg 79 Meilen lang durch den Loch Lomond and Trossachs National Park spazieren.

oben *Stalker Castle am Loch Linnhe, Argyll & Bute*
rechts *Einsamkeit auf der Passhöhe des Glencoe*

VON GLASGOW IN DIE WESTLICHEN HIGHLANDS

Dieser wurde 2002 als erster schottischer Nationalpark gegründet. Auf über 1800 Quadratkilometern erstreckt er sich von Rob Roy-Country bis hin zum zerklüfteten Meeressaum von Argyll, dem westlichen Hochland. Von den rauen Höhenzügen rund um Glencoe hinunter zu den grünen Hügeln der Halbinsel Kintyre vereint Argyll, die »Küste der Gälen«, nahezu alles, was Schottland an Schönheit zu bieten hat. Kleine Fischerhäfen am Meeresstrand, winzige Weiler in der abgeschiedenen Bergwelt und prächtige Schlösser am Ufer der Seen, mit der »Metropole« Inveraray im Herzen des einsamen Lands. Vierhundert Seelen leben in dem weißen Dorf am Loch Fyne, das neben zwei Pubs ferner über ein Schloss und ein Gefängnis verfügt. Letzteres dient heute als Museum, wo man in den original eingerichteten Gebäudetrakten aus dem 19. Jahrhundert historischen Prozessen lauschen kann. Immerhin wurden dort im Gerichtssaal im Lauf der Jahre über 6000 Männer, Frauen und Kinder verurteilt. Oder aber man lässt sich selbst einmal hinter schwedischen Gardinen einschließen, begleitet von einem freundlichen Gefängniswärter, der einem das Leben der Häftlinge im 19. Jahrhundert erklärt.

Bereits ein Jahrhundert zuvor ließ der Duke of Argyll die elende Hüttenansammlung am Ufer des Loch Fyne niederreißen und im georgianischen Stil neue Häuschen aufrichten, so wie sie sich weiß getüncht noch heute im Seewasser spiegeln. Nichts sollte am Stammsitz des Campell-Clans das vornehme Auge der Herzöge trüben. Ab 1720 begannen die Bauarbeiten zu Inveraray Castle, dessen Türme und weite Saalfluchten mittlerweile der 13. Duke of Argyll,

Chieftain der Campells, mit seiner Angetrauten bewohnt. Nichts erinnert mehr an das Massaker von Glencoe, das seit 1692, als der Campell-Clan vierzig MacDonalds erschlug, in einer unrühmlichen Verbindung mit den Herren von Argyll steht. Die Campells üben sich schon seit langem viel lieber im sportlichen Wettstreit. Erst unlängst holte der junge 13. Duke als Teamchef den Weltmeisterschaftstitel im Elefantenpolo nach Schottland heim.

Von Inveraray aus schlängelt sich die schmale Landstraße südwärts zur Halbinsel Kintyre. Steile Klippen und lange Sandstrände, Hügel und heideleuchtende Hochmoore schmücken die Landschaft, in der sich zwischen Schafen und Wildenten Fuchs und Hase Gutnacht sagen. Weit vor der Südspitze, die wie ein Zeigefinger über den North Channel nach Irland weist, endet das Sträßlein. Menschenleer ist das Land bis zu den Felsklippen der Mull of Kintyre, die einst Paul McCartney besang und seine Wahlheimat damit weltberühmt machte. Der Ex-Beatle ist zwar längst wieder fortgezogen, aber noch immer steigt der Nebel vom Meer auf und der Leuchtturm schickt in der Dunkelheit sein Feuer über die See: *Past painted deserts the sunset's on fire / As he carries me home to the Mull of Kintyre.*

Nördlich von Inveraray geht es in die Berge hinauf, die schon bald bis auf 1200 Meter emporwachsen. Die Landschaft wird karger, die Straße enger, der Himmel dunkler, bis man die Passhöhe quert und, nur ein paar Steinwürfe entfernt, wieder zum Meersspiegel absteigt. Dort liegt als zentraler Wasserverkehrsknotenpunkt das 7000-Einwohner-Städtchen

links *Queen's View am Loch Tummel, Perthshire & Kinross*
oben *Auenlandschaft im Glen Orchy, Argyll & Bute*

Oban am Firth of Lorne, Ausgangspunkt für fröhliche Schiffspartien über den Caledonia Canal via Inverness und zugleich Fährhafen zur Inselwelt der Hebriden, die als bunter Flickenteppich aus Wasser und Land vor der Westküste liegen. Nahebei erhebt sich über dem Fjord die stolze Feste Dunstaffnage Castle aus dem 13. Jahrhundert. Sie befindet sich noch immer im Besitz der Dukes of Argyll, die sie aber längst in die Obhut des National Trusts gegeben haben. Denn was soll man bloß mit so vielen Schlössern und Burgen anfangen?

Nördlich davon, kurz bevor sich der Loch Linnhe in den Lorn-Fjord öffnet, hat man für das auf einem kleinen Eiland gelegene Castle Stalker eine andere Lösung gefunden. Einst bewachte das Tower House aus dem 16. Jahrhundert sowohl den Seeweg über Loch Linnhe als auch den Landweg nach Norden. Dreihundert Jahre später hatte die strategisch früher so wichtige Burg ausgedient, geriet in Vergessenheit und verfiel – bis sie jüngst Privatleute kauften, vorbildlich restaurierten und seither persönlich bewohnen. Mit Blick auf den tiefen Grabenbruch des Great Glen, des Großen Tals, das von Südwest nach Nordost die Fluten des Loch Linnhe, Loch Lochy, Loch Oich und kurz vor Inverness schließlich des Loch Ness mit ihren Wassern füllen.

Seit 1822 verbindet der Caledonian Canal mit zahlreichen Schleusen diese Seen zwischen Atlantik und Nordsee. Seinerzeit die kürzeste und sicherste Durchfahrt für die Schiffe zwischen den Meeren,

oben *Ardmair bei Ullapool*
rechts *Buachaille Etive Moor über der Wasserscheide zwischen Glencoe und Glen Etive, 1022 m ü.d.M.*

Augenzeugen bestätigen das. Von einem dinosaurier-, wal- oder schlangenartigen Wesen von gewaltiger Größe ist da die Rede, mit einem winzigen Kopf auf dem langen Hals und entweder Stummelfüßen oder Watschelflossen an seinem massigen Körper. Doch nur wenigen Auserwählten war bisher die Ehre einer Nessie-Sichtung vergönnt. Im Jahr 565, erzählt die Legende, schlug es der heilige Columban mit einem Gebet in die Flucht, und von da an wurde es die nächsten 1400 Jahre nicht mehr gesehen. Erst seit dem Landstraßenbau 1933 häufen sich die Berichte. Um Nessies Ruhe war es seitdem geschehen, weshalb man sie gleich ein Jahr später unbekannterweise unter Naturschutz stellte.

Mit Fotoapparaten und Taucherausrüstung rückte man dem armen Ungeheuer zu Leibe. Indes ist der See so stark durch Schwebepartikel getrübt, dass der Taucher unter Wasser bereits seine ausgestreckte Hand nicht mehr sieht. Zusätzlich verbergen sich unter dem meist friedlich ruhenden Wasserspiegel

links *Im Hafen von Aberdeen*
oben *Stonehaven, Aberdeenshire*

zahlreiche Unterwasserhöhlen, Schluchten und Spalten. 350 Meter Tiefe wurden zuletzt gemessen, und man vermutet, die tiefste Stelle im See sei damit noch nicht ausgemacht. Auf ihrer Suche nach einer möglicherweise seit Jahrmillionen im Loch Ness überdauernden Lebensform setzten seriöse Forscherteams deshalb in jüngster Zeit Echolot und Infrarotkamera ein. Dabei wird ihre Arbeit durch die zahllosen Spaßvögel erschwert, die immer wieder gefälschte Beweise für Nessies Existenz an die Öffentlichkeit bringen. Und auch der Umstand, dass die Guinness-Brauerei ungeheure 500 000 Pfund Finderlohn ausgesetzt hat, macht die Suche nicht leichter. Eine solch stattliche Summe lockt neben den professionellen Monsterjägern allzu viele Scharlatane an. Den letzten stichhaltigen Beleg dafür, dass Nessiteras rhombopteryx lebt, sind gleichwohl diese wie jene bislang schuldig geblieben. Das menschenscheue Ungetüm lässt sich einfach nicht blicken! Stattdessen tummelt sich in der schönen Jahreszeit umso mehr eine andere Spezies am Seeufer. Sie trägt in der Regel Fernglas und Kamera und wartet geduldig darauf, dass ihr Nessie erscheine. Und wer nicht unbestimmte Zeit ausharren möchte, kann sich im Monster Exhibition Centre in Drumnadrochit ein Bild davon machen, wie das geheimnisvolle Wesen im Loch Ness – vielleicht – ausschauen mag.

Vom Rummel um das ruhmreiche Ungeheuer profitieren nicht zuletzt die 60 000 Einwohner von Inverness: Hauptstadt der Highlands und Tor nach Norden

Legendäre Ruinen an legendärem See: Das Urquhart Castle am Loch Ness wurde im 14. Jh. erbaut, dann immer wieder zerstört und aufgebaut – und 1692 endgültig gesprengt

an der Mündung des River Ness in den Moray Firth (gälisch *inver* = Mündung). Dort, wo heute auf einem Hügel zwischen Städtchen und Meereswellen ein neugotisches Schloss aus dem 19. Jahrhundert steht, befand sich bereits im 11. Jahrhundert eine Burg.
Sie wurde 1746 nach der verlorenen Schlacht am Culloden Moor, zwei Meilen östlich von Inverness, bis auf die Grundmauern geschleift. *Drumossie-Moor, Drumossie-Tag, / O bittrer Tag, o blut'ges Moor*, dichtete Robert Burns über den Schicksalstag, an dem Bonnie Prince Charlies erschöpfte Highlander-Truppe erbarmungslos niedergemetzelt wurde. Und folgt man den Versen von Shakespeare, war der Boden am Moray Firth für solche Bluttaten bereits siebenhundert Jahre vorher bestellt. 1040 soll König Macbeth in einem Schlafgemach in der Burg von Inverness König Duncan I. umgebracht haben.
Noch zwei weitere Schlösser erheben Anspruch darauf, Schauplatz dieser Freveltat gewesen zu sein. Glamis Castle in der Nähe von Dundee: Geburtsort von Prinzessin Margaret und im zinnengekrönten Baronialstil ein wahres Kleinod schottischer Burgenromantik. Und Cawdor Castle wenige Meilen nordöstlich von Inverness – dieses wie jenes indes nicht vor dem 14. Jahrhundert errichtet. So hält keines den historischen Tatsachen stand; ebenso wenig wie der echte Macbeth wohl das Scheusal war, als das ihn später Shakespeare in seinem Drama hinstellte. Zumal Duncan I. in Wahrheit nicht in einer Burg, sondern auf einem Schlachtfeld bei Elgin seinen Wunden erlag. Aber wen wunderts?
Der Mann, der den schottischen König weltweit in Misskredit brachte, war schließlich ein Engländer! So argumentieren zumindest rund zwanzig schottische

Rannoch Moor, Schottlands größte zusammenhängende Moorlandschaft. Perthshire & Kinross

Ullapool am Loch Broom, Meeresfjord im Nordwesten

Abgeordnete, die, unterstützt durch die Geschichtswissenschaft, einen Antrag zur Rehabilitierung von Macbeth im Edinburger Parlament eingebracht haben – im Ernst. Obwohl doch schon bei Shakespeare im Königsdrama zu lesen steht: *Ein Märchen ist's, erzählt von einem Dummkopf, voller Klang und Wut, das nichts bedeutet.*

BERGWELT MIT SCHLUCHTEN UND LACHSLEITERN

Zwei Traumstraßen führen östlich des Großen Tals vom Nordufer des Firth of Tay in die Highlands hinauf: die eine ein schmales Asphaltband, das sich von Perth aus in zahllosen Kurven und Kehren durch die menschenleere Natur nordwärts schlängelt, um schließlich bei Braemar ins Land der Schlösser und Burgen einzuziehen; die andere die streckenweise vierspurig ausgebaute Hauptverkehrsader zwischen Firth of Tay und Moray Firth, die aber nicht weniger spektakuläre Eindrücke bietet. Gleich nördlich von Perth streift sie bei Scone geschichtsträchtigen Boden: *Und uns gekrönt zu sehn mit unsrer Krone, / Erwarten wir euch im Palast zu Scone*, um noch einmal Shakespeare und Macbeth zu bemühen. In Scone wurden bis 1296 die schottischen Herrscher inthronisiert. Nicht zu verwechseln mit dem heutigen Palace of Scone, den seit 400 Jahren die Earls und Countesses of Mansfield bewohnen.

Von dort geht es abrupt hoch in die heidebewachsene und schluchtendurchzogene Bergwelt, mit einem ersten Stopp in Pitlochry, das seit Queen Victorias Zeiten ein berühmter Ausflugsort ist. Blumengeschmückt reihen sich die Häuschen aneinander, und beinahe in jedem Häuschen bieten Läden Souvenirs feil. Am Ortsrand hilft eine Lachsleiter den jährlich über 5000 Lachsen heim in den Loch Tummel zu ihren Laichgründen, seit ihnen die Staumauer des Wasserkraftwerks die angestammten Wege versperrt. Automobilisten nehmen zum Tummel-See ein schmales Asphaltband, das sich in halsbrecherischen Haarnadelkurven am Hang hinaufwindet – und oben angelangt, werden sie mit einer wahrhaftig königlichen Aussicht belohnt. Bergeumkränzt liegt unten im Tal der Loch Tummel wie ein Silberband, begleitet vom schneebedeckten Elfhunderterkegel des Schiehallion und in der Ferne im Westen von den Schattenrissen der Berge von Glencoe umrahmt. Königin Victoria verliebte sich 1866 in diesen großartigen Ausblick und verbrachte hier viele Stunden, weshalb man ihn seitdem Queen's View nennt.

Westlich davon schneidet zwischen Mooren und Sümpfen der schilfwogende Loch Rannoch ins Land, seine Südufer bestanden mit Resten der uralten Wälder von Schottischen Kiefern, die einst die Highlands fast vollständig in ihr dunkles Nadelkleid hüllten. Hunderte von Jahren alte Kiefern schmücken den Black Wood of Rannoch, durch dessen Unterholz Marder und Eichhörnchen wuseln.

Nur Moorhuhn und Kiebitz schrien, und fern im Osten zog ein Rudel Hirsche vorüber. Viele Strecken weit blühte rotes Heidekraut, andere waren mit Sümpfen, Strünken und torfartigen Pfützen bedeckt, beschreibt Robert Louis Stevenson das einsame Land rund um den Loch Lannoch in seinem fesselnden Roman *Verschleppt. Die Erinnerung David Balfours an seine Abenteuer im Jahr 1751* – ein dramatischer Abschnitt in der schottischen Geschichte (die Periode der jakobitischen Auseinandersetzungen zwischen England und Schottland: *Killing Times*) von Stevenson erzähltechnisch meisterhaft in ein einziges Jahr gedrängt. Ganz in der Nähe, nur wenige Meilen nördlich von Pitlochry, fand 1689 in der damals noch dicht bewaldeten Killiecrankie-Schlucht die siegreiche Schlacht der Stuart-Anhänger gegen die Streitkräfte Wilhelms von Oranien statt.

Eine weitere legendäre Station in der turbulenten schottischen Freiheitsgeschichte, die unsterblich mit dem Namen »Bonnie Dundee« verbunden ist: An der Spitze von rund 2000 aufständischen Highlandern rang William Graham, Marquis von Dundee, in einer nur zehnminütigen, aber umso mörderischeren Schlacht die doppelte Anzahl gegnerischer Soldaten nieder. Tausende wurden getötet, und auch Bonnie

oben *Eine Höhle namens Cave of Smoo bei Durness an der Nordküste*
unten *Die Felszinnen von Duncansby Head an der Nordostspitze von Festlandschottland*
Seiten 148-149 *Aussicht vom Berg Stac Pollaidh im Inverpolly National Nature Reserve, Highlands*

an. Einerseits, um die Spiele der besten schottischen Dudelsackbands, Solo-Bagpiper, Highland Dancers und Wettkämpfer hautnah mitzuerleben, und andererseits vielleicht auch, um einmal einen Blick auf eine leibhaftige Königin zu werfen. Queen Elizabeth II. ist die Schirmherrin dieser Hochland-Festpiele, denen neben ihr selbst regelmäßig weitere Mitglieder der Royal Family beiwohnen. Nur einen Baumstamm-Weitwurf von Braemer entfernt, verleben sie traditionell ihre Sommerferien in Balmoral Castle, seit ihre Ahnin Victoria 1848 das weitläufige Anwesen im Schatten des Lochnagar (1155 m) erstand.

Im Herbst 1842, zweieinhalb Jahre nach der Märchenhochzeit mit Prinz Albert von Sachsen-Coburg-Gotha, bereiste das junge Paar zum ersten Mal Schottland und zeigte sich von den Grampians so königlich angetan, dass man sich anschließend auf Wohnungssuche begab. Nach sechs Jahren war man fündig geworden, und noch einmal fünf Jahre später wurde nach Plänen Prinz Alberts der Grundstein zu Balmoral Castle gelegt. Eine romantische Sinfonie aus Türmchen, Zinnen und Giebeln, die für Victoria zu *my dear paradise in the Highlands* wurde und nach dem Tod Alberts mehr und mehr auch zur Zuflucht.

Die grandiose Highland-Szenerie, die rauen Berge und dunklen Moore, sind damit als vornehmer Aufenthalt in der High Society eingeführt. Im Gefolge der Königin nehmen *Nobility and Money* das Revier in Besitz. Denn nun gilt als chic, wie die Queen und ihr Hofstaat zu Burgenromantik und Dudelsackklängen im schottischen Hochland auf Auerhahnjagd und Hirschpirsch zu gehen.

Die Pirschjagd über offenes Gelände leitet die nächste Welle der Clearances ein. Da der Wollpreis durch

Schloss – erbaut im 14. Jh., verlassen 1715 – im Loch Eilean, Cairngorm Mountains

Überproduktion zwischenzeitlich verfallen ist, verspricht die Umwandlung der landwirtschaftlichen Nutzflächen in »Hirschwaldungen« neue Profite. Zum Vergnügen der Hobbyjäger siedelt man rudelweise Rotwild an, das im Gefolge der Schafe nun noch die letzten verbliebenen zarten Schösslinge verbeißt – während ringsum Hungersnot und willkürliche Vertreibungen den Alltag der Hirten und Kleinpächter *(crofters)* bestimmen. 1882 entladen sie sich auf der Insel Skye in den Crofters Wars, auf die vier Jahre später der Crofters Act folgt, der den Landleuten endlich ein Bleiberecht auf ihren kleinen Parzellen zu einem angemessenen Pachtzins bringt. 1901 verstarb die große Queen auf Balmoral Castle, das seit nunmehr sieben Generationen die Ferienresidenz der Königsfamilie ist.

Nahebei trägt deshalb im kleinen Ort Ballater vom Bäcker über den Gemüseladen bis zum Andenken-Händler fast jeder Laden das honorige Prädikat »Hoflieferant«. Immerhin kauft hier der ergraute, altgediente Kronprinz Charles – immerhin Fürst von Wales – persönlich seine Biokost ein! Nordöstlich davon erheben sich im Schlösser- und Burgenland die alten Mauern von Kildrummy und Craigievar Castle. Kildrummy Castle: im 12. Jahrhundert erbaut, Bollwerk der Familie des Robert the Bruce und heute Ruine mit Aussicht auf die grandiose Landschaft ringsum. Craigievar Castle: ein altes Tower House, das Ende des 16. Jahrhundert die Kaufmannsfamilie Forbes übernahm und erweiterte. Ein wie aus dem Fels gewachsenes Hochhausschloss, von dem es heißt, dass es die Familienmitglieder auf ihrem letzten Heimgang durch die Fenster verließen, weil die Särge im schmalen Treppenaufgang stecken blieben.

Der Fluss Garry bei Pitlochry, Perthshire & Kinross

Heute bestaunen jährlich Tausende von Touristen das kauzige Schloss, das überdies nur eine einzige Eingangstür hat. Und sind mehr als zwanzig Besucher drinnen, hängt ein Schild draußen: *Castle full!*

Zurück am River Dee, warten an seinem von sanften Hügeln umzogenen Unterlauf weitere schöne Schlösser auf. Crathes Castle: ehemaliger Stammsitz der Familie Burnett, die auf eine Ahnenreihe bis zu Robert the Bruce zurückblicken kann. Oder Drum Castle von 1619: mit seinen mächtigen Mauern und einem wuchtigen Bergfried wahrhaftig ein »Trumm«, wie der Name schon andeutet. Bald darauf zieht der Dee in Aberdeen ein und hat damit die Nordseeküste erreicht. Grauer Granit prägt das kleine historische Zentrum der mit 210 000 Einwohnern drittgrößten schottischen Stadt. Im Hafen ankert eine der landesweit wichtigsten Fischereiflotten, und drum herum gruppieren sich die Versorgungsstationen für die Ölplattformen draußen in der Nordsee, die in Aberdeen für Arbeitsplätze und Wohlstand sorgen. Urlauber auf der Suche nach schöner Landschaft nehmen von dort aus die Küstenstraße, die an Klippen und Sandstränden und kleinen Fischerdörfern vorbei zum Moray Firth bis nach Inverness führt, zum Tor in den Norden.

»SÜDLAND« – DAS VERLORENE NORDLAND ZWISCHEN DREI KÜSTEN

Einsames Land zwischen drei Küsten prägt die alten nördlichen Grafschaften Ross, Caithness und Sutherland. Im Landesinneren bäumt sich die Bergwelt noch einmal fast 1000 Meter hoch auf, um danach umso schneller zum Meer abzufallen. Steine

und Moor, eine heideüberwucherte Urlandschaft, im Westen vom Meer in Myriaden zerklüfteter Flecken zerrissen. Karg. Menschenleer. Nur etwa 12 000 Menschen bevölkern das nördliche Drittel von Schottland, das den Namen »Südland« einst von den Wikingern auf den Orkney-Inseln erhielt. Nördlich von Inverness beginnt am Dornoch Firth die Landschaft von Sutherland.

Ihr aus Sandstein gebautes Hauptstädtchen Dornoch bringt es auf gerade mal 1200 Einwohner, und hätten sich dort nicht auf Scibo Castle der Popstar Madonna und ihr Lebensgefährte das Jawort gegeben, wäre es wahrscheinlich nie in die Schlagzeilen geraten. 600 Pfund die Nacht sind die zum Luxushotel verschönerten Schlossmauern wert, die den Schönen und Reichen in der Abgeschiedenheit der nordwestlichen Highlands als eine Fluchtburg vor Presse, Paparazzi und Autogrammjägern dienen. Hier Geldadel, da Blaublüter. Am Nordende erhebt sich über der Dornoch-Bucht der altehrwürdige Stammsitz der Dukes and Earls of Sutherlands, Dunrobin Castle. Seine Ursprünge gehen auf das 13. Jahrhundert zurück, bis 1845 wurde es von Charles Barry – seines Zeichens der Architekt der Londoner Houses of Parliament – mit 189 Zimmern und Salons zu einem schottischen Neuschwanstein ausgebaut.

Ich komme aus meinem Haus in Ihren Palast, ist von Queen Victoria 1872 auf Besuch bei den Sutherlands auf Dunrobin Castle kolportiert. Gegenwärtig bewohnt Elizabeth Janson, Countess of Sutherland, das weitläufige Anwesen. Aber wie soll man mit diesem Erbe bloß umgehen? Die Familie war maßgeblich an den Highland-Clearances im 18. und 19. Jahrhundert beteiligt, die den Landstrich damals beinahe

Glen Clunie bei Braemar, Grampians

oben *Blühendes Heidekraut bei Linn of Dee, Braemar*
rechts *Flusslandschaft des River Dee östlich von Braemar*

vollständig entvölkerten. Nicht weit vom Schloss ragt hinter dem Örtchen Golspie auf einer Anhöhe, 35 Meter hoch in die Wolken hinauf, die Statue des 1. Dukes of Sutherland, und seine Untertanen hassten ihn so tief, dass es hieß, das Standbild stehe so hoch, damit der Blitz möglichst oft einschlüge.

Nach Dornoch folgt auf dem Weg über Brora und Helmsdale nur noch Einsamkeit. Die Berge treten näher an die Meeresufer heran und drängen die Ackerstreifen der winzigen Crofter-Gemeinden zwischen Wellen und Stein dichter zusammen, um schließlich, der schottischen Nordspitze entgegen, weitem Marschland zu weichen. Bei Dunnet Head ist der nördlichste Punkt Schottlands erreicht. Eine Klippenwanderung auf federnden Grasböden führt vor senkrecht abfallenden Felswänden zum nördlichsten Leuchtturm auf dem schottischen Festland. Weit reicht der Blick über die rauen Wellen des Pentland

links oben *Dramatik überm Loch Lurgainn, nördlich des Loch Broom*
links unten *Loch Eriboll unweit der Nordküste*
oben *Der Leuchtturm von Point of Stoer im Nordwesten*
unten *In Braemar am Südostfuß der Cairngorm Mountains*

Firth, der schmalen Passage zwischen Atlantik und Nordsee. Durch die Gezeiten hervorgerufen, treten in der Meerenge starke Strömungen auf, und Stürme sind keine Seltenheit. In der Ferne am Horizont schwimmen die Orkney-Inseln im Wasser, zu denen die Fähren nahebei von Thurso aus übersetzen. Einst war das 8000-Einwohner-Städtchen stolze Kapitale von Caithness, der alten Grafschaft der Katze, nach einem Wappentier der Pikten so benannt. Heute ist Thurso die letzte städtische Siedlung auf dem langen und kurvenreichen Weg an der Nord- und Nordwestküste entlang bis nach Ullapool. Kleine Buchten mit Dünen und schneeweißen Stränden und dann wieder Felsklippen begleiten das Sträßlein. Hier und da verstecken sich zwischen Wollgras, Birken und Heide verlassene Katen, die halb eingestürzt nun den Schafen als Unterschlupf in kalten Nächten dienen.

Nicht weit hinter Cape Wrath, dem nordwestlichen schottischen Winkel, zieht die Straße an der zerklüfteten Nordwestküste ein. Tief greifen die Fjorde ins Land und zerschneiden den Meeressaum, dahinter türmt sich der Fels auf, flechtenbedeckt, von dem Wasserfälle teils über 200 Meter zu Tal stürzen, und überall glitzern Seen. Irgendwo im Nirgendwo, wo sich der Loch Broom mächtig ins Land bohrt, liegt schließlich das Fischer- und Fährörtchen Ullapool.

1300 Einwohner klein, stellt es gleichwohl die »Metropole« im Umkreis unzähliger Meilen dar sowie Schottlands bedeutendsten Fischereihafen an der Westküste. An der Uferpromenade reihen sich die Häuschen wie Perlen auf. Davor liegen neben Fischerbooten und Jachten die großen Fischtrawler vor Anker, während nebenan die Fähren nach Stornoway auf Lewis, der Hauptinsel der Äußeren Hebriden ablegen.

Farben am und über dem Loch Sunart (Meeresfjord im Westen)

Wer längere Seefahrten scheut und dennoch gerne einmal eine Hebrideninsel in Augenschein nehmen möchte, hat die Möglichkeit, von Ullapool aus das Sträßchen nach Süden via Plockton zur großen Mautbrücke nach Skye zu nehmen. In abenteuerlichen Serpentinen schraubt sich der schmale Weg durch die dramatische Landschaft von Wester Ross. Abermals steigen die Berge über 1000 Meter empor und geben atemberaubende Aussichten tief unten auf die zerfurchte Küstenlinie und weit über das Meer auf die Inseln frei. So geht es in endlosen Kurven durch das grandiose Niemandsland, bis man beim kleinen Fischer- und Ferienort Plockton in die Zivilisation zurückgelangt. Nicht weit entfernt thront auf einem Eiland im Wasser die mittelalterliche Festung Eilean Donan Castle, malerisch von Meeresbuchten und den Schluchten der Kintail Mountains umrahmt. Der Inbegriff schottischer Burgenromantik und berühmter Drehort des Blockbusters *Highlander*.

Das idyllische Küstendorf Plockton hat es dank der populären BBC-Serie *Hamish Macbeth* immerhin großbritannienweit zu Berühmtheit gebracht. Weiße Häuschen mit blau, grün oder rot lackierten Fensterrahmen zieren die lauschige Bucht des Loch Carron, an dessen Uferpromenade tatsächlich Palmen stehen. Vom warmen Golfstrom wird es mit mildem Klima verwöhnt und zusätzlich durch die mächtige Landmasse von Skye geschützt. Beim Tee unter Palmen schweift der Blick über die gezackte Gipfelsilhouette der Insel – majestätischer Auftakt zu den Hebriden, zu Europas wildem Ende im Meer.

Eilean Donan Castle, die wohl attraktivste Burg ganz Schottlands, steht auf einer kleinen Insel im Loch Duich. Erste Mauern wurden 1220 zum Schutz vor den Vikingern errichtet. Die oft belagerte Festung konnte erst 1719 von englischen kanonenbestückten Kriegsschiffen eingenommen werden. 1912–32 vom McRae-Clan restauriert und seitdem wieder Stammsitz dieser Familie

SCHOTTISCHE INSELWELT IM NORDATLANTIK

Wildromantisch und herbschön

Auf dem südwestlichen Harris entstehen bei Ebbe ausgedehnte Sandflächen. Äußere Hebriden

Als letzter Vorposten Europas vor der Weite des Atlantischen Ozeans liegt die Inselwelt der Hebriden im Meer. Über zweihundert Kilometer lang ist die Kette aus mehr als fünfhundert Inseln, Eilanden und Felsflecken, die wie ein schützender Wellenbrecher vor der schottischen Westküste liegen: die Äußeren Hebriden oder auch Western Isles jenseits des mächtigen Wassergrabens des Minch gut vierzig Seemeilen entfernt, dieweil sich die Inneren Hebriden beinahe ans Festland anschmiegen. Beständige Westwinde tragen ungebremst Regenwolken heran, deren unerschöpfliche Wasser weite Moore, sattgrüne Wiesen, Seen und Tümpel speisen. Zahllose Stürme haben die Inseln im Lauf der Zeit kahl rasiert und fast völlig baumlos gemacht, während die laut tosende Brandung hier an den Steilküsten nagt oder dort Sand in kleine Strandbuchten trägt. Ein einzigartiges Mosaik aus Wasser und Land, Watt und Marsch, Fjorden und Seen, das Seehundkolonien und Millionen von Vögeln eine über weite Strecken vollkommen unberührte Heimat bietet.

links *Gezeitentümpel am Sound of Taransay, Insel Harris*

HEBRIDEN – SEIT 3000 JAHREN KEIN PARADIES MEHR

Nur etwa zwanzig Inseln sind noch von insgesamt 30 000 Menschen bewohnt. Man trotzt der kargen Natur einen spärlichen Unterhalt ab, lebt vom Fischfang, ein bisschen sanftem Tourismus oder

einem Arbeitsplatz in der Fischverarbeitung, und wer dieses Glück nicht hat, ist auf staatliche Unterstützung angewiesen. Vor allem auf den Western Isles hängt die Wirtschaft am Tropf von Edinburg, London und Brüssel. Dabei waren die Hebriden vor Zeiten ein blühendes Land, wovon zahlreiche prähistorische Funde Zeugnis ablegen. Erst eine Klimaveränderung zwischen 1250 und 600 v. Chr. beendete die paradiesischen Zustände. Hunger und Not zogen ein, und damit Kriege, weshalb neben den alten megalithischen Kultstätten ebenso Überreste von wehrhaften Trutztürmen *(brochs)* zu finden sind.
Im neunten Jahrhundert landeten Wikinger an und nahmen die Inseln ein. 1266 wurden sie schottisch, die MacDonalds stiegen durch bewaffnete Auseinandersetzungen und geschickte Heiratspolitik zum mächtigsten Clan der Hebriden auf und ihre Führer zu den *Lords of the Isles*. Die massive Entvölkerung besorgten aber weder Kriege noch die Unbilden der Elemente, sondern die Clearances im 18. und 19. Jahrhundert, die die Inseln noch einmal schlimmer als das nordwestliche Hochland trafen. Und wessen Vorfahren nicht nach Übersee auswanderten, der lebt in der Regel noch heute als Crofter. Allerdings sind den Pachtgebühren, die der Großgrundbesitzer erhebt, mittlerweile gesetzlich enge Grenzen gesetzt. Darüber hinaus werden sie staatlich bezuschusst, so dass jeder Kleinbauer seine Parzelle ohne Not für den Eigenbedarf bewirtschaften kann: einen schmalen Streifen zum Anbau von Kartoffeln und Rüben, dazu etwas Weideland für die Schafe und Kühe sowie das Recht, im Moor Torf zu stechen.
Heizen mit Torf ist zwar fast für umsonst zu haben, kostet aber andererseits einige Wochen harte Arbeit

links *Callanish Standing Stones auf Lewis, Äußere Hebriden (s. auch S. 54-55)*
oben *Gezeitenebene bei Seilebost am Sound of Taransay auf Harris*

im Jahr. Brikettgroße Stücke müssen gestochen und triefnass, wie sie sind, zum Trocknen immer wieder gewendet und zu winddurchlässigen Türmen *(peats)* gestapelt werden, damit sie im Winter die für die Hebriden typischen Black Houses wärmen. Bruchstein auf Bruchstein sind die keine zwei Meter niedrigen Katen mit einer Doppelwand aufgeschichtet, die Hohlräume zwischen dem Mauerwerk zur Isolierung mit Torf oder Erde verstopft, das Strohdach gegen den Wind mit dicken Wackersteinen beschwert und mit Seilen im Erdreich verzurrt und die Innenräume vom Torffeuer rußgeschwärzt. Kaum jemand außer nostalgischen Zugereisten möchte noch so eine elende Hütte bewohnen. So ersetzen mehr und mehr einfache Fertigbauten die traditionellen Black Houses, die deshalb allmählich musealen Charakter annehmen. Beispielsweise im Blackhouse Village an der Nordwestküste von Lewis lässt sich sehr anschaulich nachvollziehen, wie ein klassisches Hebridendorf ehemals aussah; und wer gern möchte, kann hier selbst einmal erleben, wie das so ist mit dem Leben in der rauen Natur.

Lewis and Harris ist die größte und zugleich die Hauptinsel der Äußeren Hebriden. Im 8000 Einwohner kleinen Verwaltungsstädtchen Stornoway laufen die Festlandsfähren ein, und auch ansonsten geht es geschäftig zu in der »Metropole«, der einzigen größeren Ansiedlung auf den Western Isles. Eine Galerie präsentiert zeitgenössische gälische Kunst und ein Heimatmuseum dokumentiert das gälische Erbe, das man nicht nur liebevoll pflegt, sondern lebt. Auf

Lewis and Harris und Uist sowie Barra spricht man Gälisch. Englisch ist Zweitsprache, die nur zum Einsatz kommt, sobald ein Urlauber im Pub die Runde bereichert, um eine Auskunft nachfragt oder am Schalter ein Ticket erwirbt. Von Montag bis Samstag – denn am heiligen Sonntag ist alles geschlossen. Geschäfte, Tankstellen, Lokale haben überall die Läden heruntergelassen, kein Bus, keine Fähre geht. Selbst in Stornoway als kulturellem Vexierpunkt der äußeren Inselwelt heißt es *Closed on Sunday*, weil sich die gottesfürchtigen Insulaner in den Kirchen aller nur denkbaren protestantischen Bekenntnisse versammeln: Church of Scotland, Free Church, Wee Free, Free Prebesterian und viele andere mehr bis hin zum althergebrachten römischen Gottesdienst auf der katholischen Enklave South Uist.

So lassen sich sonntags neben der schönen Natur am besten die prähistorischen Sehenswürdigkeiten unter freiem Himmel genießen, allen voran Lewis' Hauptattraktion: die Callanish Standing Stones. Weithin sichtbar erhebt sich auf einer Halbinsel an der westlichen Küste das »Stonehenge des Nordens«. Wohl ab etwa 5000 bis 1500 v. Chr. auf- und ausgebaut wurde die Anlage aus bis zu fünf Meter hoch aufragenden Menhiren, die den Menschen damals wohl als religiöse Kultstätte diente. Oder für die Kalenderberechnung? Oder als Tempel zu Ehren der Sonne, des Mondes? Oder der Toten? Wurden hier Menschenopfer gar dargebracht? Man weiß es nicht, und womöglich wird die Bedeutung dieser uralten Stätten für immer rätselhaft bleiben.

Lewis und südlich Harris verbindet eine auf 800 Meter aufsteigende, extrem schmale Landenge. Bis zum Straßenbau bildete die Bergkette von Clisham jahrhundertelang eine natürliche Barriere, die einen gegenseitigen Besuch leichter mit dem Boot als über Land möglich machte. Hie Lewis mit seinen zahllosen Seen, Marschen und Mooren, da Harris, von

links *Landschaft bei Northton auf Harris*
oben *Die felsige Landschaft im Süden der Insel Harris*
rechts *Tropische Träume im hohen Norden. Insel Lewis*

Hügeln durchzogen, schroffer und felsig, und an der Westküste vor türkisblauer See von traumhaften Sandstränden geschmückt. Nur ist der Atlantik leider so kalt, dass man, sofern überhaupt, besser im wärmenden Tweedkostüm baden geht.

Aus der feinen Wolle der Black Sheeps wird auf Harris seit zweihundert Jahren das berühmte schottische Gewirkte hergestellt. Traditionell handgesponnen und handgewebt, verlassen unter dem Markenzeichen *Harris Tweed* heute jährlich Hunderttausende Meter des strapazierfähigen Klassikers die westlichen Inseln. Von Mütze und Mantel zum Beinkleid – Tweed ist der ideale Stoff für kühle Tage und darum vielfach kopiert, weshalb nur der Stoff, der das Qualitätssiegel *Orb Mark* trägt, seine Herkunft von Harris verbürgt.

An Lewis and Harris schließen als weitere Hauptinseln North Uist, Benbecula und South Uist an. Sie liegen so nahe beieinander, dass sie durch Brücken und Dämme miteinander verbunden worden sind. Ein labyrinthisches Geflecht aus Salzwasser, Süßwasser, Fjorden, Buchten und Seen zwischen kleinen und kleinsten Landflecken, das seine wenigen Einwohner

oben *Granitfelsen bei Fidden auf der Insel Mull*
rechts *Insel Mull, Innere Hebriden: Blick von Fidden in ein Panorama kleinster Inselchen*

links *Dachlandschaft in Tobermory, Insel Mull*
rechts *Fingal's Cave auf der Insel Staffa, Innere Hebriden*

deshalb »Inseln aus Wasser« nennen. Südlich davon bildet die Inselgruppe von Barra den letzten Punkt vor dem unendlichen Ozean, mit einer einzigartigen zivilisatorischen Errungenschaft: Ebbe und Flut regeln auf Barra den Luftverkehr, denn zweimal am Tag liegt das Rollfeld unter Wasser. Darüber hinaus hängt es von Wind und Wetter ab, ob der Flieger überhaupt landet oder auch nicht. Und wirft dazu noch der Atlantik haushohe Wellen auf, stellt sogar die Fähre ihren Betrieb ein. Abgeschiedener als die 1200 Menschen auf Barra könnte man nicht mehr sein.

Wie belebt mögen einem da die Inneren Hebriden erscheinen? Als dichter Ring liegen sie von nördlich Skye bis südlich Islay nur wenige Seemeilen vom schottischen Festland entfernt. Skye vor der Küste der nordwestlichen Highlands, durch eine Brücke mit ihm verbunden: *Skuyö* (Wolkeninsel) tauften sie einst die Wikinger, *Eilean À Cheo* (Nebelinsel) heißt sie auf Gälisch, und tatsächlich macht die größte Insel der Inneren Hebriden beiden Namen die Ehre. An den spröden, auf fast 1000 Meter emporragenden Basaltgipfeln der Cuillin Hills bleiben die Wolken hängen, die der Wettergott über den Atlantik schickt. Klatschnass vor Wasser triefen Moore und Heidebüschel, während der Wind die Felsen und das Meer die Küstenklippen in unermüdlicher Arbeit zu fantastischen Figuren modellierten; zu Türmen, Säulen und Tischen und bizarr aufragenden Basaltmonolithen. Für viele zählt Skye zu den romantischsten und zugleich wildesten aller Hebrideninseln. Sie ist die Heimat der MacDonalds ebenso wie ihrer historischen Intimfeinde, des Clans der MacLeods, deren zinnengekrönter Stammsitz Dunvegan Castle über die Seehundbänke im Loch Dunvegan wacht. Die alte Burg der MacDonalds liegt dagegen seit langer Zeit in Trümmern, und so ließen sie sich ab 1815 Armadale Castle errichten. Das Schloss mit herrlichem Blick über den Sound of Sleet beherbergt heute das Clan Donald Centre, das die Geschichte der mächtigen Inselherren noch einmal aufleben lässt.

Mull am Ausgang des Firth of Lorn: die zweitgrößte der Schwestern im inneren Ring. Und nennt man Skye seine Schönheitskönigin, so folgt auf Rang zwei gleich Mull als Prinzessin. Einmal mehr prägen Felsklippen und Sandstrände, einsame Moore, hohe Berge und Hügelland ihr herbes Antlitz. Das Hauptörtchen Tobermory, 700 Einwohner klein, bietet am Pier eine postkartenhübsche Häuserzeile sowie ein Heimatmuseum und nahebei eine Destille. In der Nähe des Fährhafens warten das viktorianische Herrenhaus Torosay Castle und gegenüber die mittelalterliche Festung Duart Castle, Stammsitz der MacLeans, auf einen Besuch, bevor es in den äußersten

links *Loch Slapin, Isle of Skye, Innere Hebriden*
oben *Küstenfelsen bei Elgol auf der Insel Skye mit den Cuillin-Bergen im Hintergrund*

oben *Eas Fors Falls mit Loch Tuath, Insel Mull, Innere Hebriden*
rechts *Sonnenaufgang am Kilt Rock, Insel Skye*

The Old Man of Storr, Felszinnen auf der Insel Skye mit Sound of Raasay

südwestlichen Inselwinkel zu einem der kulturellen Höhepunkte in der Geschichte Schottlands geht.

Von Fhionnfhort auf Mull erreicht man mit der Fähre das winzige Einland Iona, die Wiege der schottischen Christenheit. 563 gründete der heilige Columban auf dem nur dreieinhalb Meilen langen, anderthalb Meilen breiten Landflecken vor der Südwestspitze Mulls das erste Kloster auf schottischem Boden. Von seinen ursprünglichen Mauern ist nichts mehr vorhanden, es wurde während der Wikingerraubzüge zerstört, und an seiner Stelle erhebt sich seit dem 13. Jahrhundert die Iona Abbey inmitten von blühenden Wiesen, grünen Hügeln und schneeweißen Sandbuchten. Wege ins Paradies, Insel der Heiligen, Pilgerziel und zugleich majestätische Toteninsel. Auf dem ältesten schottischen Friedhof wurden hier seit Kenneth MacAlpin, dem ersten König der Pikten und Scoten, zweihundert Jahre lang Schottlands Herrscher bestattet.

FONTANES »FEST GESCHNÜRTES BÜNDEL STEINERNER TANNEN«

Einer Wallfahrt in die Natur kommt dagegen der Ausflug nach Staffa gleich. Sechs Seemeilen nordöstlich von Iona oder fünfzehn von der Westküste Mulls entfernt, steuern die Boote das unbewohnte Eiland ausschließlich bei friedlichem Wetter an. Kaum irgendwo wird man das mächtige Walten der Elemente Feuer, Wind, Wasser nachdrücklicher gewahr als im Angesicht der zu bizarren Basaltsäulen erstarrten Lava. Vor gut 70 Millionen Jahren wurde Staffa glutheiß vom Meeresgrund an die Oberfläche geschleudert. *Staffa, als Gott Vulkan sein Werk getan und zehn- und hunderttausende Basaltsäulen an dieser Stelle ans Licht geschickt hat, stand sie da wie ein fest geschnürtes Bündel steinerner Tannen*, schrieb 1860 Fontane über diese Märchenwelt aus nacktem schwarzen Fels. Kein Baum, kein Strauch weit und breit, nur der Wind braust zwischen den steinernen Orgelpfeifen, mischt sich mit dem Meeresrauschen und Kreischen der Möwen, um schließlich in Fingals Cave zur gewaltigen Sinfonie anzuheben.

Ein grüneres Wellengetose schlug allerdings nie in eine seltsamere Höhle mit seinen vielen Pfeilern dem Innern einer ungeheueren Orgel zu vergleichen, schwarz, schallend und ganz zwecklos für sich allein daliegend – das weite graue Meer darin und davor, berichtet drei Jahrzehnte vor Fontane Felix Mendelssohn-Bartholdy über die riesige, nach dem sagenhaften Urvater der Kelten Fingal benannte Höhle. *Um zu verdeutlichen, wie seltsam mir auf den Hebriden zu Muthe geworden ist, fiel mir soeben folgendes bey*, schreibt er weiter nach Hause an die Familie und notiert dann den musikalischen Gedanken, aus dem wenig später eines der wundervollsten romantischen Musikwerke entsteht: die *Hebriden-Ouvertüre* – der melancholische Gesang auf eine entlegene, herbschöne Inselwelt, die mit Colonsay und Oronsay, Tiree und Coll, Rhum, Eigg, Muck, Canna, Gigha und zahllosen weiteren Eilanden schließlich im Süden bei Jura und Islay in sanften Tönen ausklingt.

ORKNEYS – LICHT ÜBERALL, NORDISCH KLAR UND SCHARF KONTURIEREND

Von Thurso an der schottischen Nordküste aus schaukelt die Fähre über den Pentland Firth. Mit Kurs auf Stromness, den Haupthafen der Orkney-Inseln, gleiten steuerbord, beinahe 350 Meter hoch über der rauen See, die roten Sandsteinklippen der Insel Hoy vorbei. Der grandiose Auftakt der Orkney Islands, von dem man sich indes nicht täuschen lassen darf. Während sich Hoy noch einmal bis zu 500 Meter aufschwingt, liegt der Rest des rund siebzig Inseln zählenden Archipels nahezu flunderflach in den Wellen. *Licht beherrscht alles in dieser Landschaft, und der Städter wird verwundert die Augen verdrehen und sich fragen, woher all das Licht kommt*, malt der große schottische Schriftsteller Eric Linklater 1935 seine Heimat in Worte. Licht überall, nordisch klar und scharf konturierend, zumal nichts besteht, was über dem weiten Flickenteppich aus Wasser und Land Schatten wirft. Kein Berg, kein Baum, selbst die Häuser ducken sich vor dem Wind, und kaum mag man sich vorstellen, dass die Orkneys, wie die Hebriden oder nördlich die Shetlandinseln, einmal blühende Lande und anders als heute vergleichsweise dicht besiedelt waren.

Von den Stätten der Steinzeit erzählen gegenwärtig nur noch die Ausgrabungen, die man überwiegend an der Westküste von Mainland vorfindet. Skara Brae, das »Pompeji des Nordens« und am besten erhaltene prähistorische Dorf im Norden Europas: Bis etwa 2500 v. Chr. war es bevölkert und lag danach für die nächsten 3350 Jahre unter Dünen begraben. Erst 1850 wurde es von einem Orkan freigeblasen und es kamen seine uralten Gemäuer und

links *Ewige Brandung an der Steilküste von Yesnaby, Orkneys*
oben *Sandsteinklippen auf der Orkney-Insel Hoy*
oben rechts *Von atlantischen Brechern herausgemeißelt: Felssäule bei Yesnaby auf Mainland-Orkneys*

Gassen wieder zutage. Nahebei ragen die Menhire des Ring of Brodgar sowie die Standing Stones of Stenness in den Himmel und im Herzen von Mainland der grasbewachsene Hügel von Maes Howe, der im Inneren Kammergräber aus der Epoche von 3700 bis 3500 v. Chr. birgt. Später kamen die Pikten und im 8. Jahrhundert schließlich die Wikinger, die den Inseln den Namen Orkneyjar (Inseln der Seehunde) gaben und sie zusammen mit den Shetland Islands zur Operationsbasis für ihre Plünderfahrten machten. Bis Mitte des 15. Jahrhunderts herrschten die Skandinavier über die Inseln. Und vielleicht wären sie für immer norwegisch geblieben, wäre König Christian I. von Dänemark und Norwegen, »König leerer Beutel« genannt, nicht ständig chronisch pleite gewesen. 1468 verheiratete er seine einzige Tochter, Margaret, mit James III. von Schottland, doch blieb er seinem schottischen Schwiegersohn die Morgengabe von 60 000 Gulden schuldig und verpfändete stattdessen die Orkney- und Shetlandinseln. Die von den Skandinaviern beabsichtigte Einlöse kam nie zustande, weshalb zumindest Historiker ihren Status bis heute nicht für restlos geklärt halten – was keine gering zu schätzende Rolle spielt, sofern es um die lukrativen Ölfelder in der Nordsee zwischen Schottland und Norwegen geht.

Die Stadt Kirkwall, Mainland-Orkneys
oben *Hoher Wellengang an der zerklüfteten Küste bei Yesnaby, Mainland Orkney Islands*

In riesigen Pipelines wird das schwarze Gold von den Förderplattformen im Meer zu den Terminals auf dem Eiland Flotta gepumpt, dort gereinigt und zur Verschiffung verladen. Neben ein bisschen Getreideanbau, Fischzucht und Fischerei stellt diese Arbeit seit den 1970er-Jahren die Haupteinnahmequelle für die rund 20 000 Insulaner dar. Über ein

links *Auf den Shetland-Inseln gibt es mehr Schafe als Menschen*
oben *Einsame Siedlung am Meeresarm Colla Firth, Shetland*

Drittel von ihnen lebt im Hauptstädtchen Kirkwall an einem östlichen Meerbusen von Mainland. Buntsandsteinrot erhebt sich die normannische Kreuzbasilika St. Marcus nahezu unverändert seit ihrer Erbauung im ersten Drittel des 12. Jahrhunderts. Weder der Bildersturm der Reformation noch Cromwells Truppen im Bürgerkrieg konnten ihr etwas anhaben, so fern, wie sie von den entscheidenden historischen Schauplätzen liegt. In diesem wohl abgeschiedendsten Winkel Europas, sieht man einmal von Shetland ab.

SHETLANDS – SCHOTTLANDS LETZTES FENSTER ZUR WELT HINAUS

oben *In Shetlands Hauptstadt Lerwick*
rechts *Küste bei Stenness mit dem Felsentor Dore Holm, Shetland*

Auf der Höhe Sibiriens und der Südspitze Grönlands liegt das Shetlandarchipel mit über hundert Inseln halb so weit von der schottischen wie von der norwegischen Küste entfernt; von den Gletschern der Eiszeit modelliert, wind- und regengepeitscht. Baumlos und kahl sind Schiefer und Gneis, wo sie nicht Grassteppen, Moor oder dicke Torfdecken schützen. *Ultima Thule* nannten die alten Römer das Land; und lange Zeit glaubten die Historiker nicht, dass die antiken Seefahrer jemals dorthin gelangt waren – bis man 2003 auf den Shetlands eine römische Brosche fand, die auf das Jahrhundert rund um die Geburt Christi datiert. Doch reicht die Siedlungsgeschichte der Shetlands noch in weitaus fernere Zeiten zurück, wovon man sich unmittelbar neben dem Rollfeld von Sumburgh Airport an der Südspitze der Hauptinsel Mainland überzeugen kann. Dort an einer Bucht haben in Jarlshof seit der Jungsteinzeit über 3000 Jahre lang Menschen ihre Häuser gebaut: mit verschlungenen Gassen, die sich um die Überreste vergangener Rundhäuser winden, und im Anschluss daran eine alte Wikingersiedlung.

Heute bewohnen die gut 20 000 Köpfe zählenden Shetlander zu mehr als ein Drittel die Archipel-Kapitale Lerwick auf Mainland. Ihr betriebsamer Hafen hat vom Ölboom profitiert, Tanks, Werkhallen und Standardsiedlungen breiten sich rund um das Städtchen aus, in dessen Hauptstraße die Einkaufläden eine mannigfaltige Auswahl an Shetland-Pullis feilbieten. Die nach traditioneller Art mit mehreren

Shetland-Ponys – kleine, aber zähe Pferde
rechts *Ein Abgrund im weiten Grasland bei Eshaness, Shetland-Mainland*

Fäden in Schneeflockenmustern oder abstrakten Zickzackmustern gestrickte Wolle hielt die Menschen schon vor zweihundert Jahren während der Feldarbeit oder beim Fischfang warm. Über Generationen galten die schönen Pullover als Armeleutekluft, bis sie der Prince of Wales, der spätere König Edward VIII., Ende der 1920er-Jahre auf einem Golfturnier in St. Andrews salonfähig machte. Seither sind sie in kühlen Gefilden nicht mehr wegzudenken. Ebenso wenig wie die Hunderttausende Schafe, die dafür ihre feine Wolle hergeben, oder auch die kleinen, zähen Shetlandponys, die ebenfalls schon die Wikinger mit auf die Inseln brachten.

Überhaupt sind die nördlichen Inseln mehr skandinavisch als schottisch geprägt. In Norn, einer dem Altnordischen verwandten Wikingersprache, wurde noch bis ins 17. Jahrhundert geredet. Fast die Hälfte der Straßennamen auf den Orkneys und Shetlands erinnern noch an die skandinavische Zeiten der Inseln, ebenso wie die Endungen auf »-vik« und »-voe«, die für die zahllosen Buchten und Fjorde stehen. Kilt, Tartan und Dudelsack sind auf den nördlichen Inseln unbekannt. Stattdessen liebt man die nordischen Ringtänze, die nordische Fidelmusik und feiert feuchtfröhlich immer am letzten Dienstag im Januar das Mittwinterfest *Up Hella Aa*. Fackelumzüge und Musikbands begleiten den ausgelassenen nordischen Karneval, zu dessen Höhepunkt man ein nachgebautes Wikingerlangboot in einer bunten Parade durch Lerwicks Gassen zum Hafen trägt, dort zu Wasser lässt und mit einem Freudenfeuer verbrennt.

Den Rest des Jahres herrschen Stille und Einsamkeit. Nur dreizehn der Shetlandinseln sind noch bewohnt,

auf den übrigen tummeln sich Robben und Millionen von Seevögeln. Raubmöwen nisten im Moor, und Basstölpel, Odinshühnchen und Papageitaucher, Sturmtaucher, Trottellummen und Tordalken verwandeln die Klippen in Vogelhochhäuser. Wo andernorts Straßenlärm die Städte füllt, spektakelt hier eine Kakophonie aus Piepsen, Kreischen und unzähligem Flügelflattern. »Land der Raubmöwen« wird die nördlichste Insel des Archipels, Unst, auch genannt und zählt zu den vogelreichsten Gefilden ganz Großbritanniens. Rund 1000 Menschen teilen sich das karge Eiland mit den gefiederten Gesellen, weshalb Unst – ein weiterer Superlativ – außerdem den nördlichsten bewohnten Flecken Großbritanniens vorstellt.

Most Northerly lautet denn auch das meistgebrauchte Etikett auf der Insel, einerlei ob es sich um das Postamt, das kleine Heimatmuseum, den Golfklub oder die Tankstelle handelt. Auf der einzigen Straße nach Norden trappeln Ponys ungestört über das Fahrband, denn nur einmal am Tag verkehrt hier der Bus. Zur Verkürzung der Wartezeit hat man die gläsernen Wartehäuschen liebevoll mit Gardinchen, Sesseln und Sofas ausstaffiert. Unter ihnen gelangte der Unst Bus Shelter zu besonderer Berühmtheit weit über die Insel hinaus, da das Glashäuschen neben gemütlichen Möbeln und einem Fernsehgerät neuerdings sogar über einen Computer verfügt – wohl die einzige Bushaltestelle der Welt, die eine eigene Homepage besitzt.

Bunte Holzhäuser schmiegen sich in die Buchten und lassen erahnen, dass hier Schottland zu Ende geht und Skandinavien beginnt. Die letzten zwei Kilometer des Sträßleins zum *Most Northerly*-Naturschutzgebiet Hermaness sind wegen Steinschlag gesperrt, so dass es zu Fuß weiter zur Nordspitze der Insel geht. Im Moor und in den Klippen brüten über 100 000

50 Millionen Jahre Shetland: Lava und Basalt bei Eshaness
Der Leuchtturm von Sumburgh Head an der Südspitze von Shetland-Mainland · Shetlands ältester Leuchtturm (1821), Feuerhöhe 91 m, Reichweite 232 Seemeilen

Vogeleltern. Ja in der Tat, die Ornithologen haben sie alle gezählt. Basstölpel und Eissturmvögel, Krähenscharben, Silber-, Sturm- oder Dreizehenmöwen balzen aufgeregt um die Wette, bauen sich ihre Nester oder zanken sich lauthals um die behaglichsten Höhlen und Felsspalten. Die putzigen *puffins* (Papageitaucher) nicht zu vergessen, die in Schwärmen zu Hunderten die Klippen anfliegen. Ein herrlicher Anblick, den man nördlich des 60. Breitengrads im Sommer noch weit bis nach Mitternacht genießen kann. *Simmer Dim* nennen die Shetlander die lange Dämmerung, wenn die Sonne kaum hinter dem Horizont untergeht; während am achtzehnstündigen nächtlichen Winterhimmel die Polarlichter tanzen. Auf der Klippe von Muckle Flugga schickt der nördlichste Leuchtturm Großbritanniens seine Lichtstrahlen über die raue See. »Das letzte Fenster zur Welt hinaus« wird er genannt – dort, wo Schottland endet und jenseits des Meeres Skandinavien beginnt.

DIE KÖNIGE UND HERRSCHENDEN KÖNIGINNEN SCHOTTLANDS

843–958	Kenneth I. MacAlpin
858–862	Donald I.
862–877	Konstantin I.
877–878	Aed (Aodh)
878–889	Eochaid (Eocha) und Giric (Ciric)
889–900	Donald II.
900–943	Konstantin II.
943–954	Malcolm I.
954–962	Indulf
962–966	Dub
966–971	Culen
971–995	Kenneth II:
995–997	Konstantin III.
997–1005	Kenneth III.
1005–1034	Malcom II:
1034–1040	Duncan I.
1040–1057	Macbeth
1057–1058	Lulach
1058–1093	Malcolm III., Canmore
1093–1094	Donald Bane (Donalbane) und Duncan II.
1094–1097	Donald Bane (wieder eingesetzt)
1097–1107	Edgar
1107–1124	Alexander I.
1124–1153	David I.
1153–1165	Malcolm IV.
1165–1214	Wilhelm I., der Löwe
1214–1249	Alexander II.
1249–1286	Alexander III.
1286–1290	Margarete von Norwegen
1290–1292	Interregnum
1292–1296	John Balliol
1296–1306	Interregnum
1306–1329	Robert I., Bruce
1329–1371	David II.
1371–1390	Robert II.
1390–1406	Robert III.
1406–1437	Jakob I.
1437–1460	Jakob II.
1460–1488	Jakob III.
1488–1513	Jakob IV.
1513–1542	Jakob V.
1542–1567	Maria Stuart
1567–1625	Jakob VI./I. (ab 1603 Personalunion mit England, daher in England Jakob der Erste)
1625–1649	Karl I.
1649–1651	Karl II.
1651–1660	Commonwealth
1660–1685	Karl II. (wieder eingesetzt)
1685–1688	Jakob VII./II. (in Schottland der Siebte, in England der Zweite)
1689–1694	Wilhelm III. von Oranien zusammen mit Maria II.
1694–1702	Wilhelm III. allein
1702–1714	Anna (ab 1707 Realunion mit England)
1714–1727	Georg I.
1727–1760	Georg II.
1760–1820	Georg III.
1820–1830	Georg IV.
1830–1837	Wilhelm IV.
1837–1901	Viktoria
1901–1910	Eduard VII.
1910–1936	Georg V.
1936	Eduard VIII.
1936–1952	Georg VI.
1952 ff.	Elisabeth I./II. (in Schottland die Erste, in England die Zweite)

Blick zum Tantallon Castle und zum Felseninselchen Bass Rock

Zeittafel vom 5. Jahrtausend vor bis zum 3. Jahrtausend nach Christus

6./5. Jt. v. Chr.: Fischereikulturen im Gebiet des heutigen Schottland

3. Jt. v. Chr.: Bis heute teilweise erhaltene Steinhäuser, erste Kammer- und Großgräber, rätselhafte Steinkreise

7./6. Jh. v. Chr.: Keltische Stämme siedeln in den Gebieten der heutigen Länder Großbritannien und Irland, so auch in Schottland

1. Jh. n. Chr.: Die Römer nennen das keltisch bewohnte Gebiet des heutigen Schottland namens Albu oder Alban (lateinisch Albania) Kaledonien

78: Ausdehnung der römischen Besatzung Südbritanniens nach Kaledonien/Schottland, 85 wieder Rückzug

122: Mittels Wällen schützt Kaiser Hadrian seine britische Kolonie gegen die ständigen Einfälle aus dem Norden

140: Die Römer bauen einen zweiten Grenzwall gegen Kaledonien
ab 208: Erneute Feldzüge Roms gegen Kaledonien/Schottland

3–6. Jh.: Immer wieder Angriffe der schottischen Völker gegen Süden, sowohl vor wie nach dem endgültigen Abzug (407) der Römer aus Britannien

563: Der irische Mönch Columcille (Columba) reist auf die Hebriden und beginnt mit Schottlands Christianisierung

7. Jh.: Schottland ist in vier Reiche zerfallen: Skoten, Pikten, Briten, Angeln

844: Um die vielen skandinavischen Plünderungseinfälle abwehren zu können, verbündet sich Skotenkönig Kenneth I. McAlpin mit den Pikten

ca. 1030: Schottlands Festlandausdehung entspricht erstmals dem heutigen Gebiet

ab 1165: Kriegerische Grenzstreitigkeiten mit England

1174: König Wilhelm der Löwe muss Schottlands Lehensabhängigkeit vom englischen König Heinrich II. anerkennen

1237: Vertrag von York: Ende der Grenzkonflikte mit England

1266: Erwerb der Insel Man und der Hebriden

1266–1296: Dynastische Probleme mit Thronwirren führen zum Anspruch des englischen Königs auf die schottische Krone

ab 1286: Schottische Unabhängigkeitskriege

1305: Englands König Eduard I. lässt den schottischen Nationalhelden William Wallace hinrichten

1328: Friede von Northampton; Schottland wird wieder unabhängig

1472: Erwerb der dänischen Inseln Orkney und Shetland

1503: Jakob IV. (Stuart) heiratet Margarete, Tochter des englischen Tudorkönigs Heinrich VII. und begründet damit den späteren Erbanspruch der Stuarts auf Englands Krone

1542: Maria Stuart (1542–1567) wird, kaum geboren, schottische Königin

1559: Der schottische Kalvinist John Knox (1505–1572) beginnt 1559 in Schottland mit einer beispiellos fanatischen und mörderischen Reformation

1565: Maria Stuart heiratet ihren katholischen Vetter Lord Barnley, was zu einem Aufstand der protestantischen Lords führt

1566: Maria Stuart gebiert ihren Sohn Jakob und verständigt sich daraufhin mit den Lords

1567: Vier Monate nach der Ermordung ihres Ehemannes heiratet Maria Stuart dessen mutmaßlichen Mörder Bothwell, gegen den sich der Adel jedoch erhebt. Darauf muss Maria Stuart zugunsten ihres einjährigen Sohnes abdanken

1568: Maria Sutart flüchtet nach England und bleibt bis zu ihrer Hinrichtung Gefangene der englischen Königin Elisabeth I., ihrer Cousine

1587: Die Hinrichtung von Schottlands Exkönigin Maria Stuart im Februar ist die wohl grausigste Horrorszene in der britischen Justizgeschichte: Erst nach dem dritten Henkersbeilschlag des dilettantischen Scharfrichters fällt der Kopf vom Richtblock. Der Henker hält das Haupt an den Haaren vor die neugierige Menge – doch die Haare sind eine Perücke, der fast kahle Kopf stürzt zu Boden

1603: Maria Stuarts Sohn Jakob (seit 1567 König von Schottland) wird auch englischer König, wie es die kinderlose Königin Elisabeth I. vor ihrem Tod bestimmt hat

1688: Sturz des katholischen Königs Jakob II., der Protestant Wilhelm III. wird König

1707: Schottland und England verbinden sich staatsrechtlich (Realunion durch Parlamentsgesetz) zum United Kingdom, zum Vereinigten Königreich

1979: Ein britischer Gesetzesentwurf zur Dezentralisierung wird bei der Volksabstimmung in Schottland (und Wales) verworfen

1997: In einer Volksabstimmung wird in Schottland das Devolutionsgesetz angenommen, das Schottland ein eigenes Parlament mit weitgehenden Autonomierechten innerhalb Großbritanniens gibt sowie einen eigenen schottischen Regierungschef, den First Minister, Erster Minister

1999: Erstmals Wahlen zum schottischen Parlament; erster schottischer Regierungschef wird Donald Dewar

2007: Bei den schottischen Parlamentswahlen im Mai wird die Scottish National Party stärkste Partei. Diese Partei strebt unverhohlen den Austritt Schottlands aus dem Vereinigten Königreich an

Schottland
0 20 40 60 80 100 km
Shetland Inseln, 75 km
SHETLAND
Unst
Fetlar
Eshaness
Yell
Whalsay
Mainland
Bressay
Foula
Lerwick
Mousa Broch
Sumburgh Head
Fair Isle
ORKNEY
Westray
North Ronaldsay
Westray Firth
Rousay
Sanday
Mainland
Skara Brae
Ring of Brodgar
Stronsay
Yesnaby
St. Magnus Cathedral
Stromness
Kirkwall
Scapa Flow
Hoy
South Ronaldsay
Pentland Firth
Duncansby Head
WESTERN ISLES
Butt of Lewis
Cape Wrath
Durness
Thurso
Wick
Ben Hope
927
Lewis
Dun Carloway
Stornoway
Stones of Callanish
799
Clisham
Tarbert
Harris
Sound of Harris
Nordminch
Point of Stoer
Ardvreck Castle
998
Ben More Assynt
Loch Shin
Helmsdale
Dunrobin Castle
Ullapool
Dornoch
Dornoch Firth
Tain
High-
lands
Äußere Hebriden
North Uist
Benbecula
South Uist
Barra
Kleiner Minch
Quiraing
Uig
Dunvegan Castle
Naist Point
Portree
Inner Sound
Loch Maree
Torridon
Moray Firth
Elgin
Elgin Cathedral
Crovie
Kinnaird Head
Fraserburgh
Peterhead
HIGHLAND
Inverness
Dufftown
Kyle of Lochalsh
Urquhart Castle
GRAMPIAN
Eilean Donan Castle
Cuillin Hills
993
Skye
Loch Ness
Spey
Don
Craigievar Castle
Aberdeen
Great Glen
Kaledonischer Kanal
1309
Ben Macdhui
Dee
Cairngorm Mts.
Balmoral Castle
Braemar
Stonehaven
Dunnottar Castle
Sound of Sleat
Mallaig
Rhum
Eigg
Innere Hebriden
Fort William
1343
Ben Nevis
Loch Ericht
Grampian Mountains
Blair Castle
Montrose
Coll
Rannoch Moor
Glamis Castle
Forfar
Nord-
see
Tobermory
TAYSIDE
Dundee
Tiree
Duart Castle
Kilchurn Castle
1214
Ben Lawers
Dunkeld
Tay
Loch Tay
Staffa
Craignure
Oban
967
Ben More
Mull
Scone Palace
Perth
Firth of Tay
St. Andrews Cathedral
St. Andrews
Iona
Glen Coe
Fife Ness
Atlantik
Firth of Lorn
Loch Awe
CENTRAL
FIFE
Crail
Loch Lomond
Kirkcaldy
Colonsay
Jura
ARGYLL AND BUTE
Stirling
Stirling Castle
Queensferry
Firth of Forth
Tantallon Castle
Greenock
Falkirk
Edinburgh
Sound of Jura
Tarbert
Paisley
Glasgow
Motherwell
LOTHIAN
Islay
East Kilbride
Hamilton
Clyde
New Lanark
Galashiels
Tweed
Rhinns Point
Kintyre
Irvine
Kilmarnock
Floors Castle
Brodick
STRATHCLYDE
Melrose Abbey
Kelso
Arran
Firth of Clyde
Prestwick
Jedburgh Abbey
Hawick
Ayr
Campbeltown
Nith
BORDERS
Culzean Castle
Southern Uplands
Drumlanrig Castle
Mull of Kintyre
Girvan
843
Merrick
Dumfries
Caerlaverock Castle
Hadrianswall
Nordkanal
DUMFRIES AND GALLOWAY
Gretna
Gretna Green
Sweetheart Abbey
Stranraer
Solway Firth
Nord-
irland
England
Mull of Galloway
© KARTOGRAPHIE Peh & Schefcik, Eppelheim